本书系2019年度上海市教育科学研究项目《"五维度、两主体"区域中小学一体化德育课程构建的实践研究》（项目编号：C19008）研究成果

中小学德育一体化视域下的
德育活动设计原理与实践

贾永春　徐晶星／著

DEYU
HUODONG
SHEJI YUANLI
YU SHIJIAN

华东师范大学出版社
·上海·

图书在版编目（CIP）数据

中小学德育一体化视域下的德育活动设计原理与实践/
贾永春，徐晶星著.—上海：华东师范大学出版社，
2022
（中小学学生成长指导系列丛书）
ISBN 978 - 7 - 5760 - 2684 - 9

Ⅰ.①中… Ⅱ.①贾… ②徐… Ⅲ.①德育－活动课
程－课程设计－中小学 Ⅳ.①G631

中国版本图书馆 CIP 数据核字(2022)第 040288 号

中小学德育一体化视域下的德育活动设计原理与实践

著　　者　贾永春　徐晶星
策划编辑　范耀华
责任编辑　张　婧
责任校对　郭　琳　时东明
装帧设计　俞　越

出版发行　华东师范大学出版社
社　　址　上海市中山北路 3663 号　邮编 200062
网　　址　www.ecnupress.com.cn
电　　话　021 - 60821666　行政传真 021 - 62572105
客服电话　021 - 62865537　门市(邮购)电话 021 - 62869887
地　　址　上海市中山北路 3663 号华东师范大学校内先锋路口
网　　店　http://hdsdcbs.tmall.com

印 刷 者　上海展强印刷有限公司
开　　本　787 毫米×1092 毫米　1/16
印　　张　11.5
字　　数　157 千字
版　　次　2022 年 7 月第 1 版
印　　次　2025 年 7 月第 4 次
书　　号　ISBN 978 - 7 - 5760 - 2684 - 9
定　　价　35.00 元

出 版 人　王　焰

前　言

　　德育活动是学生校园生活的重要经历,是学校德育的重要组成,也是活动育人的重要载体。《中小学德育工作指南》(教基〔2017〕8号),将"活动育人"作为新时期德育工作的六大实施途径之一进行了进一步的强调。每所中小学都会开展形式多样、内容丰富、生动有趣的德育活动,通过活动学生可以收获的成长养分是巨大的,事实上许多活动会成为学生日后回忆校园生活时的闪亮瞬间和成长过程中的提升节点。

　　德育活动涵盖了如主题教育活动、团队活动、节庆活动、仪式活动、社会实践活动、纪念日活动等多种形式,与学科性德育(含学科德育和德育学科课程)具有协同关系。然而与学科性德育所具有的课程化、规范性、系统性等特点不同(至少德育学科课程是如此),尽管各种德育活动在学校蓬勃开展,关于德育活动的研究探讨、实践思考热度也很高,但作为活动性课程,由于德育活动自身具有灵活性、开放性、综合性等特点,学校和教师普遍感到德育活动的设计和开展更多地取决于教师的经验和直觉,可以依靠的理性的、上位的方法指导较为缺乏,导致学校德育活动存在着碎片化、分散化、条块化等风险,这也成为了困扰基层学校的共通性问题和制约活动育人效益提升的重要因素。

　　在构建大中小幼一体化德育体系背景下,我们基于区域教育学院所具有的实践提升与学理转化的职能定位,尝试对一直以来以缄默化、直觉性、经验型为主要特点的德育活动设计知识进行显性化的共性提炼,使之成为学校和教师设计与实施德育活动的方法指导,从而使德育活动设计过程变得更具反思性、可改进性,以期回应困扰基层学校的共通性问题和德育活动发展的系统性诉求,最终让德育活动更好地满足不同学段学生的成长需求。

　　本书中,第一章就有关中小学德育活动的发展、现状研究从纵向(发展阶段)和横向(研究内容)两个维度进行了详细回顾和深入的梳理与反思,以明确德育活动进一步可持续发展的基础;第二章回顾了德育一体化的政策背景、意义价值以及研究现状,并立足区域在地方基础教育系统中的中观视角和枢纽作用,阐述了中小学德育一体化背景下德育活动的改进路向——基于中小学德育一体化视域改进德育活动的必要性;第三章聚焦德育活动设计中的若干重要环节,提出中小学德育一体化视域下的德育活动设计方法指导和工作机制;第四章聚焦本书作者所在区域的五个学生发展主题维度(即"价值取向"教育、"心理健康"教育、"行为规范"教育、"传统文化"教育、"生涯意识"教育),通过各维度的"设计要义"和小初高纵向衔接案例的形式,帮助学校和教师把握基于中小学德育一体化视域的德育活动具体实践。

　　通过本书,我们希望能够带给读者些许启发和思考:**对于教师而言**,可以了解到如何站在学生终身发展、和谐发展的角度,整体性地思考学生的成长,同时通过原理、方法和案例指导,掌握在中小学德育一体化视野下如何设计学生德育活动;**对于学校而言**,可以增进对学生前一学段和后一学段的了解,更加完整地看待学生成长过程,以更加系统、长程、科学的育人观念来进行学校德育活动的整体设计和实施;**对于区域而言**,可以看到我们聚焦德育活动所进行的指向中小学德育一体化的实践探索样态,进而更好地思考德育一体化推进中的区域功能和角色定位。

目 录

第一章　德育活动的发展现状梳理
——基于时间和内容视角的认识与审视

●..

　　近年来,中小学德育极为重视德育活动。2017 年,教育部印发《中小学德育工作指南》(教基〔2017〕8 号),将"活动育人"作为新时期德育工作的一种主要途径进行了进一步的强调。**本书讨论的"德育活动"**,区别于学科性德育(含学科德育和德育学科课程),是指在广大中小学,有目的、有组织、有计划地开展的教育性活动。是学校德育的重要组成部分和活动育人的重要载体,与学科性德育具有协同关系,涵盖了如主题教育活动、团队活动、节庆活动、仪式活动、社会实践活动、纪念日活动等多种形式。

　　尽管各种德育活动在学校蓬勃开展,关于德育活动的研究探讨、实践思考热度也很高,但关于中小学德育活动的研究综述仍是比较缺乏的。实际上,就有关中小学德育活动的研究进行回顾、梳理与反思,是促进德育活动进一步可持续发展的必要基础,对当前和未来更好地通过"活动育人"途径落实立德树人根本任务,具有重要价值。因此,在本书第一章中,我们将就德育活动的发展、现状进行梳理。

....●

关于德育活动,学界没有统一的定义,以下列举几种代表性的对于其内涵的理解和阐述,以期帮助读者形成对德育活动的更全面、深入的认识。

德育活动是集体性的教育活动。如但武刚在《学校德育活动初探》一文中提到:"学校德育活动是一种有目的、有计划、有组织的活动,是一种集体性的社会活动,是建立在交往基础上的相互作用过程,是以学生为主体的活动,是个体品德形成和发展的重要基础,能有效促进个体品德的发展。"还有学者也持类似观点,认为德育活动是"学校从学生实际需要和社会道德需求出发,有计划、有目的地进行以学生之间的外部协作或集体活动为形式的课程。具体包括:晨会,升降旗仪式,校传统活动,结合国家的重要节日、纪念日开展的教育活动,校会,班队会,到德育基地、少年军校等场所参观训练等社会实践活动"。①

德育活动是"德育活动课程"。一些学者在课程的视域下来看待德育活动,称之为"德育活动课程",如檀传宝认为德育活动是"作为与学科课程相并列、互补、相互渗透的一种以'活动'为主要内容的课程形式",②袁元、郑航认为德育活动是"以学生的兴趣、需要和能力为基础,利用校内外的教育资源,通过学校组织和学生自己组织一系列的活动,旨在增进学生的道德认知和实践能力、改善其道德生活而实施的课程"。③但当前的学校德育,多是以"德育活动"的名称出现,"德育活动课程"这一概念出现较少,因此在实际工作中,二者并无区别,只是"德育活动课程"在称谓上更加规范。④

德育活动是具有综合性的教育活动。上海市教委教研室联合高校、区县教育学院、基层中小学的研究和实践力量,通过调查、研究和论证,提出了"**学校综合德**

① 李媛.小学德育活动课程现状的调查研究[D].天津:天津师范大学硕士论文,2012.
② 檀传宝.德育原理[M].北京:北京师范大学出版社,2006:181.
③ 袁元,郑航.德育原理[M].广州:广东高等教育出版社,1998:190.
④ 李媛.小学德育活动课程现状的调查研究[D].天津:天津师范大学硕士论文,2012.

育活动"的概念,认为学校综合德育活动包括主题班会活动、传统节庆活动、重大纪念日活动、仪式教育活动、团队教育活动、校园文化活动、学生社团活动、社会实践活动等,具有实践性、综合性、主体性和协同性的特点。他们并没有强调学校综合德育活动一定要课程化,但要求学校和教师在设计和实施时要有课程观。[①] 龙宝新认为,德育活动"是在育德目的统摄下,以学生身体动作、思维运转与心灵感受三位一体为显著特征的**学校活动综合**,其关键特征是:学生全人参与、德性全面生成与环境深度介入"。[②]

德育活动不包括学科开展的有育德功能的活动。有学者认为,学科中的一些活动,虽然有育德功能,但其仍然是按照学科逻辑来组织的,包括在学科内的活动,它们是服从于学科课程目标的,因此不能叫德育活动。德育活动可以借助学科资源,与学科发生外在联系,但组织的逻辑必须是活动课程的逻辑。[③]

政策文本中提到的德育活动,包括节日纪念日活动、仪式活动、团队活动、校园节(会)、社团活动、社会实践、志愿服务等,分类比较明确,但在内容上存在交叉。少数学者对德育活动的分类进行了研究,如但武刚提出了三种德育活动的类型划分方式:据个体操作对象、活动规模大小、活动目的进行分类。[④] 袁洁从德育功能视角将德育活动分为六类:参观型、服务型、知识型、组织型、娱乐型、生存型。[⑤] 还有的论者认为可分为:传统的德育活动和综合实践活动中的德育活动(包括社区服务和社会实践)。[⑥] 但总的来说,关于德育活动类别的划分,中小学德育工作者不是很关注,毕竟德育活动的类型是在长期的实践中继承和发展而来的,就现有的类型来进行不同的归类划分对实践的影响还是比较小的。

通过对文献的梳理,可以发现,对"德育活动"内涵的研究是在不断发展的,与

---

① 上海教研官方微信.新时代学校德育:学科德育与综合德育协同发展,2019-9-29. https://mp.weixin.qq.com/s/VdJuI0-eI7E3l0weOT4CKQ.

② 龙宝新.专化与泛化:谱系意义上的德育课程之思[J].中国德育,2018(4):21-25.

③ 李臣之.试论活动课程的本质[J].课程教材研究所.活动课程论[M].北京:人民教育出版社,2003:41-42.

④ 但武刚.论德育活动课的类型[J].高等函授学报:哲学社会科学版,2000,31(2):38-43.

⑤ 袁洁.试论德育活动类型及其功能的发挥[J].教育与教学研究,2012(7):57-60.

⑥ 庞伟芳.中小学活动性德育课程:实践与思考[D].武汉:华中师范大学硕士论文,2005.

中小学学校德育实践进一步接轨、以活动课程本身的逻辑为中心,是对德育活动进行"内涵"研究一直所秉持的研究价值取向。实际上,德育活动的内涵是在德育活动研究和实践的过程中不断丰富的,接下来在本章中,我们将立足纵向(时间维度)和横向(内容维度)两个角度,对德育活动的发展和现状进行梳理。

一、纵向分析:从研究阶段中回眸德育活动的发展

在中国知网中(检索时间 2020 年 3 月 5 日),采用高级检索,考虑到"德育活动"和"活动德育"内涵的紧密关系(部分研究者认为两者几乎等同),以主题词"德育活动"或"活动德育"并含篇名"德育活动"或"活动德育"为搜索条件,得到 531 篇文献,其中期刊论文 458 篇(占 86.3%)、报纸 27 篇(占 5.1%)、会议论文 18 篇(占 3.4%)、学位论文 28 篇(占 5.3%)。

整体来看,学界和中小学对德育活动的研究具有明显的"依附性",与国家对于"活动课程""德育工作""课程改革"等方面不断完善的政策文件有明显关系。因此,通过整体阅读,基于这种对国家要求的"依附性"和文献数量增长趋势(如图1.1)两个层面,我们尝试将德育活动研究与发展划分为四个阶段(如表 1.1)。

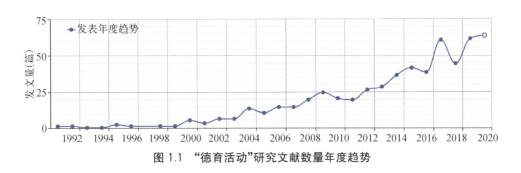

图 1.1 "德育活动"研究文献数量年度趋势

表 1.1 德育活动研究不同发展阶段的文献统计及重要政策

发展阶段	时间段	文献量(百分比)	相关重要导向性政策
萌芽期	1993 年以前	4(0.8%) 数量极少	1985 年《中共中央关于改革学校思想品德和政治理论课程教学的通知》;1988 年《小学生德育纲要(试行草案)》《中学德育大纲(试行稿)》

（续表）

发展阶段	时间段	文献量（百分比）	相关重要导向性政策
起步期	1993—2000 年	37(7.0%) 缓慢增加	1993 年《九年义务教育全日制小学、初级中学课程计划（试行）》（新的课程结构由学科类和活动类两部分组成）
发展期	2001—2010 年	137(25.8%) 波动增加	2000 年《中共中央办公厅、国务院办公厅关于适应新形势进一步加强和改进中小学德育工作的意见》《关于加强青少年学生活动场所建设和管理工作的通知》；2001 年教育部《基础教育课程改革纲要（试行）》（综合实践活动课程成为新的必修课程）
反思与突破期	2011 年至今 （2020 年 3 月）	353(66.5%) 持续波动增加	2010 年《国家中长期教育改革和发展规划纲要（2010—2020 年）》；2011 年，"整体规划大中小学德育课程项目"；2017 年《中小学德育工作指南》《中小学综合实践活动课程指导纲要》
合　计		531(100%)	

（一）萌芽期（1993 年以前）

从中国知网目前查到的文献情况来看，最早关于德育活动的研究发表于 1983 年。查阅相关德育政策也可以发现，1982—1992 年期间，德育政策以完善为主，[①]对德育活动提及较少。《中共中央关于改革学校思想品德和政治理论课程教学的通知》最先发出，主要从内容、教学方法、评价、教材、师资等方面完善了对中小学德育课程的各项规定；《小学生德育纲要（试行草案）》《中学德育大纲（试行稿）》，使当时的中小学德育的各项工作都有了依据，在实施途径中，除了思政课程和学科教学外，开始提及劳动与社会实践、课外活动、校外教育等与我们目前所谓的"德育活动"相关的途径。

两个纲要的发布，为研究和实践也提供了导向，从文献中可以看出，"德育活动是育德不可或缺的途径"得到了认可，本阶段早期研究有 1984 年《论实践与知识在德育过程中的作用》等，[②]本阶段晚期学校实践已经在积极地起步，如 1992 年

---

① 冯婉桢，檀传宝.改革开放 30 年的中小学德育政策[J].中国教育学刊，2008(12)：24 - 27.

② 赵瑞祥.论实践与知识在德育过程中的作用[J].广西师范大学学报，1984(1)：34 - 38.

的论文《寓德育于各科教学和学校各项活动之中》。①总的来说,这个阶段着眼于德育活动的研究文献极少,研究力量也较小,该领域研究处于萌芽状态,但随着政策的导向,已经可以看见理论和实践研究都在不断萌发的端倪。

(二) 起步期(1993—2000 年)

1993 年《九年义务教育全日制小学、初级中学课程计划(试行)》规定,新的课程结构由学科类和活动类两部分组成。学科课程和活动课程是使学生在德智体诸方面得到发展的必不可少的教育途径,都有各自独特的教育功能,互相不能替代。这是首次将"活动"纳入全日制学校的正规课程之中。从此,德育中的活动课程受到了人们越来越多的关注。活动性德育课程逐渐开始与学科性德育课程形成分庭抗礼的局面。

此阶段的文献比上个阶段数量逐渐增多,且内容更加丰富和深入。理论研究方面开始探索德育活动的性质、类型、作用、规律,实践层面以"课程实验"的姿态,开始活动性德育课程的探索。

(三) 发展期(2001—2010 年)

2000 年,《中共中央办公厅、国务院办公厅关于适应新形势进一步加强和改进中小学德育工作的意见》《关于加强青少年学生活动场所建设和管理工作的通知》相继出台。2001 年教育部印发《基础教育课程改革纲要(试行)》,标志着新一轮基础教育改革的全面展开,推出了新的必修课程——综合实践课程(其中很重要的组成部分便是德育活动课程)。由此,新的德育课程观也逐步确立,德育课程的实施也日趋呈现新的走向。后期,随着国家陆续出台《中共中央国务院关于进一步加强和改进未成年人思想道德建设的若干意见》,以及关于民族精神教育、行为规范、爱国主义教育、诚信教育、廉洁教育和社会主义荣辱观教育等文件,德育内容大大增加。

这个阶段,关于"德育活动"的研究文献数量大增,研究内容不断丰富,处于发

---

① 宋本祥,韩谦德.寓德育于各科教学和学校各项活动之中[J].山东教育科研,1992(3):4—5.

展期。理论研究层面,有学者甚至指出,体现学生主体性的活动课程是德育的主导性课程。① 在实践层面,随着德育内容的大大增加和新的德育课程观的确立,中小学教师通过活动途径来育德的实践探索也不断丰富,基于德育活动的学校德育工作、班级德育、德育活动课程、德育模式的实践研究很多。

(四) 反思与突破期(2011 年至今)

这一时期,"立德树人""中国梦""社会主义核心价值观教育""中华优秀传统文化教育""核心素养"等相继提出,标志着德育内容随着社会发展而进一步发展。同时,《国家中长期教育改革和发展规划纲要(2010—2020 年)》德育部分将"构建大中小学有效衔接的德育体系"作为重要目标和任务;2011 年,教育部从基础性工作入手,启动了"整体规划大中小学德育课程项目",这标志着对于学校德育设计和实施科学性和规范性反思的开始。而 2017 年《中小学德育工作指南》则是对新时期中小学德育工作进一步的规范和指引,同年发布的《综合实践活动课程指导纲要》,也明确了综合实践活动课程的未来发展方向。综合来看,这些都标志着德育处于了新的发展时代。

这期间,关于"德育活动"的文献研究数量继续增多,中小学教师的研究热情尤其高涨,呈现出很多结合时代背景、学生特点等,对学校德育活动的形式、组织、实施、评价等方面进行精细化、创新性的研究,并以活动方案、经验总结等为研究成果的主要表达形式。理论层面也开始对于学校中轰轰烈烈开展的德育活动实践样态进行深刻反思,对活动针对性、有效性提出问题和改进建议。这在关键词共现网络图也能得到印证(如图 1.2),"问题""对策""课程化""实效性""创新"等高频关键词都反映这一时期的德育活动研究和实践不断创新、反思和求突破的状态。

概言之,关于德育活动实践与研究的发展过程经历了萌芽、起步、发展,以及反思与突破四个阶段,是一个渐进的过程,带有明显的政策"依附性",研究数量不断增多,研究内容逐渐丰富。

---

① 戚万学.活动课程:道德教育的主导性课程[J].课程·教材·教法,2003(08):42-47.

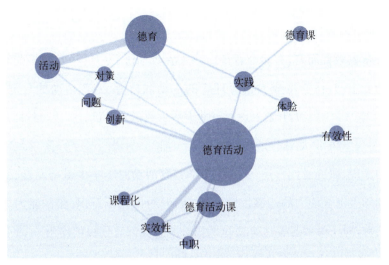

图 1.2 "德育活动"的关键词共现网络图(2011—2020 年)

二、横向梳理：从研究内容中把握德育活动的主要现状

（一）德育活动的功能

从个体的道德成长来看，相较学科，德育活动具有以下无法比拟的优势：① 培养道德行为能力，道德本质上是实践的，良好道德行为的养成、固化需要在活动中大量实践才能养成；② 丰富情感道德体验，锻炼道德意志，加深道德认识；③ 蕴含道德元素的活动情境能增强道德学习动力，增进学生的自我教育；[1] ④ 提供进行道德分析、判断和选择的现实空间，从而增强道德思维能力。[2]

从学生群体的发展来看，有助于学生团结协作和集体思想的形成和发展。学生通过活动和实践，一方面可以较深切地感受到团体的成果有赖于每个成员的努力，另一方面也可以清楚地体会到，团体协作对保证每个人的利益必不可少，此外还能增强学生交往能力，形成良好的集体氛围。[3] 丰富多彩的集体活动容易使学

① 周跃良.论中小学德育活动课程建设[J].课程教材研究所.活动课程论[M].北京：人民教育出版社，2003：316.
② 庞伟芳.中小学活动性德育课程：实践与思考[D].武汉：华中师范大学硕士论文，2005.
③ 同上注.

生们心跳加速、情绪激活,这是拉近师生、生生关系的好时机,是最容易对学生产生教育影响的时候。①

对于学校教育而言,有研究者指出德育活动有利于:① 将学生接受教育的通道由被动变主动,让学生成为德育理念的主动践行者、德育活动的自觉体验者;② 教育时空从封闭走向开放;③ 参与学生从少数走向全员;④ 活动载体从单一走向多元;⑤ 素质提升从育分走向育人。②

总的来说,研究者们普遍认为,中小学德育活动对于学生道德发展、知情意行的统一和学生道德能力的迁移,对于学生集体精神、合作意识、交往能力乃至综合能力的培育,对于学校教育综合质量的提升等方面都有积极的作用。

(二) 德育活动与学科性德育课程的关系

学科性德育课程(认知性德育课程,含专门的德育学科课程和学科德育)、活动性德育课程(实践性课程)、隐性德育课程这三种类型是我国多数学者、德育工作者持有的德育课程分类观点。③

德育活动属于活动性德育课程范畴(个别随意、临时性的德育活动不包括在内),关于活动性德育课程和学科性德育课程的关系,国内学界已有很多人进行过讨论,大致可以归纳为以下几种观点:

主次关系,学科性德育课程为主,活动性德育课程为辅。④ 这是较为早期的观点。

并重关系,两者无主次、主辅关系,是两个并重的渠道。⑤

分工关系,学科性德育课程打基础,活动性德育课程发展特色。⑥

互补关系,两者在目标上具有一致性、在内容上具有互补性、在学习方式上具有互促性、在功能上具有整体优化性,使得学校德育的整体功能远远大于两类课

---

① 迟毓凯.学生管理的心理学智慧[M].上海:华东师范大学出版社,2019:102-103.
② 方军.活动德育:让学生主动发展[J].基础教育参考,2019(5):13-17.
③ 李晓蕾.我国德育课程研究综述[D].武汉:华中师范大学硕士论文,2006.
④ 刘英健.课程理论研究综述[J].课程教材研究所.活动课程论[M].北京:人民教育出版社,2003:70.
⑤ 同上注.
⑥ 同上注.

程的各自功能之和,从而收到最佳的教育效果。[①]

活动性德育课程是道德教育的主导性课程,因为道德教育从根本上说是实践的,实践性是道德教育课程区别于其他教育课程的主要特征,活动课程或实践课程应是道德教育的主导性课程。[②]

心脏和枢纽链环的关系,认为德育活动是德育课程(这里指大德育课程)的心脏,心脏的跳动是德育课程的活力之源;专门德育课程(指德育学科课程)是经过精雕细琢、科学选取、精妙重组之后形成的德育课程精华,是德育活动提质增效、优化升华的枢纽链环。[③]

可以看出,学界对德育活动与学科性德育课程的关系的认识是不断进化的,德育活动的地位逐步得到了认可,认为德育活动是与学科性德育课程同样重要的育人渠道,与学校其他学科课程具有同等的教育价值,是研究者的普遍态度。从课程角度,德育活动是优化学校德育课程结构的重要举措之一。德育活动和学科性德育课程的具体联系可用"相互渗透,彼此补充;协同作用,缺一不可;互为条件,相得益彰"来概括。

(三) 德育活动的实践与操作

1. 德育活动的顶层设计

在实践中,不少学校从教育理念的高度,以一种有组织、有计划的行动模式来实施德育活动,系统考虑各环节、各要素的关系及作用,注重各环节之间的互动与衔接,使其具有系统性、应用性、操作性,从学校到年级再到班级,从学年到学期再到每月、每周,都有整体的德育活动规划和设计,活动开展针对学生的实际和预期目标。[④][⑤]也有的采用结构化模式,对现有德育活动进行整体建构,序列化、组织

---

① 孙宽宁.活动课程与学科课程的关系简论[J].课程教材研究所.活动课程论[M].北京:人民教育出版社,
2003:88-90.
② 戚万学.活动课程:道德教育的主导性课程[J].课程·教材·教法,2003(8):42-47.
③ 龙宝新.专化与泛化:谱系意义上的德育课程之思[J].中国德育,2018(4):21-25.
④ 高宇军.优化德育顶层设计 科学实施主题活动[J].北京教育,2019(6):67-70.
⑤ 郭鸿,石庆萍,骆汶.诊断、设计、评价——北京市东城区提升学校德育实效性的"三部曲"[J].北京教育,
2019(8):50-52.

化,形成纵横交错、有机联系的德育活动课程体系结构。①

2. 德育活动的流程设计

对于具体活动怎么设计,有研究者提出了主题深化式、主题辐射式、主题立体式三种模式,应针对具体内容和学生年龄阶段而使用不同的模式。②还有的从德育活动全过程来阐述,包括设定恰当的目标,制定恰当的策略(明确的主题、相宜的仪式、简明的过程、鲜活的题材、精要的内容、和谐的角色、科学的模式)和进行恰当的评价。③实践中,还有很多教师致力于德育活动的系列化,即从教育的整体性出发,通过系列化的技术方法,有目的、有步骤地将经验的德育活动设计改造成为目标明确、主题紧密联系、内容成组成套、活动形成序列、利于提高育人实效的系列德育主题活动的过程。④

3. 德育活动的实施原则

总结起来,研究者们对德育活动的实施原则提出了诸多不同的观点,但同时又有重叠的关键词来加以概括,比如:**目标**方面,要有针对性、可接受性;**活动对象**方面,要体现学生自主性、儿童性;**活动内容**要具有生活性、实践性、开放性、综合性;**活动过程**要有互动性、生成性;**活动资源**要注重整合性等。⑤⑥⑦还有的实践研究者总结出德育活动的开展要有计划性、严谨性、适度性、连续性、特色性、组织性、创新性。⑧

4. 德育活动中的教育方法

德育活动中可以综合运用多种教育方法,实践研究者们结合实际,形成了不

---

① 郑富兴,周利.学校德育活动课程体系构建的结构化问题[J].中国教育学刊,2019(12):33-36.

② 林雯.活动课程的设计[J].课程教材研究所.活动课程论[M].北京:人民教育出版社.2003:185-190.

③ 吴辉.实现德育活动恰当性的路径——中小学德育活动的目标、策略与评价[J].基础教育参考,2016(5):55-57.

④ 陈宗庆.小学德育主题活动系列化研究[D].上海:上海师范大学硕士论文.2013(4).

⑤ 李臣之.综合实践活动课程实施:现实复杂性及其取向[J].课程教材研究所.活动课程论[M].北京:人民教育出版社.2003:41-42.

⑥ 吴辉.实现德育活动恰当性的路径——中小学德育活动的目标、策略与评价[J].基础教育参考,2016(5):55-57.

⑦ 陈宗庆.小学德育主题活动系列化研究[D].上海:上海师范大学硕士论文.2013(4).

⑧ 张晓文,李凤迎.对学校德育活动开展的几点思考[J].教书育人·校长参考,2015(3):3-4.

少方法上的创新性探索。如有研究者研究"体验法"在少先队活动中的应用,提出:激发体验(情绪感受、本体感觉)是德育活动的起点;聆听体验("听到"学生的声音、共情学生的体验)促使在接纳中实现心灵唤醒;反思体验("先跟后带""道而弗牵"),在平等对话中升华道德认识。① 再如,有研究者基于项目化理念,通过主题引领对分散的活动内容重新组合、重构,形成内容模块,集聚相关资源,去芜存菁,通过项目工作清单的落实,来完成德育活动的系统设计和开展。②

5. 德育活动的组织要点

如有研究者总结为,应根据学校实际,活动数量上,从活动"整合化"和"精致型"考虑;活动规模上,从活动"意义效果"和"成本投入"考虑;活动风格上,从"活动特色"和"活动需求"考虑;活动表现上,从"活动特点"和"学生需求"考虑。③

6. 德育活动的评价

德育活动中对学生的评价是难点。在实践操作中,一般而言,德育活动对学生评价的方法按信息收集的途径来划分,可采用问卷调查法、行为观察法、个案分析法、成果分析法等。按评价结果处理手段划分,可以采用定量评价法和定性评价法;按照评价主体划分,可分为自评、他评和互评的方法,多元主体参与评价。④

对德育活动实践与操作的研究和讨论是广大研究者,尤其是一线的中小学工作者普遍关心和关注的问题。研究者们以典型的德育活动为案例,在德育活动的设计、原则、组织、方法、评价等方面从实践上升到理论,提高了广大中小学教师对德育活动的认识。

(四) 德育活动的课程化

德育活动的课程化要从课外活动的课程化说起,我国活动课程来源于课外活动的"课程化"。如原国家教委颁发的《九年义务教育全日制小学、初级中学课程计划(试行)》,将活动课程规定为:晨会(夕会)、班团队活动、体育锻炼、科技文体

---

① 左群英.体验:让德育活动走进学生心灵[J].中国教育学刊,2017(4):87-91.
② 吴芸,严景.基于项目化理念的小学德育活动设计探索[J].现代中小学教育,2019(11):14-16.
③ 陈文定.学校德育活动五大关系之辨析[J].教学月刊(小学版),2013(9):41-43.
④ 陈宗庆.小学德育主题活动系列化研究[D].上海:上海师范大学硕士论文,2013(4).

活动、社会实践活动和学校传统活动等。《九年义务教育活动课程指导纲要(讨论五稿)》将活动课程的内容集中在社会教育活动、科学技术活动、文艺学术活动、体育卫生活动,这些课程政策还带有概括、提炼课外活动的痕迹。与学校德育活动联系密切的综合实践活动走过了 20 多年不断规范的课程化的历程。综合实践活动课程由我国 1992 年以来的课外活动、活动课发展而来,是对课外活动的课程化、对活动课的进一步规范和发展的结果。2017 年,教育部发布《中小学综合实践活动课程指导纲要》,对综合实践活动课程提出了更新的要求。

随着德育活动课程化的推进,出现了一些课程化的"变相"或"扭曲"现象。如有研究者指出,在实践中,活动课程往往存在着"失真"现象,一种典型的表现便是存在"活动学科化"倾向,以传统学科教学的模式来开展活动课程的教学,湮没了活动课程应有的活力。[①] 主要表现在:课程内容的设计拘泥于学科课程的范畴,深度有余而广度不足;内容组织套用学科课程的逻辑,"教科书化"严重;课程管理在思维上难于超越学科课程管理模式,封闭有余而开放不足。[②]

对此,有研究者指出,德育课程是正式的德育实践安排,而德育活动是正式与非正式德育课程的混合,随着德育活动高度课程化的推进,与德育课程正轨化、学科化、专门化进程同步的正是德育"小课程"(即课堂教学、文本课程、静态课程等)缺陷的充分暴露。[③] 还有研究者认为德育活动不应该提"课程化",固化的课程会禁锢活动的灵活性,只要学校和教师在实施德育活动时有课程意识和课程观即可。[④]

是"课程"走向"活动",还是"活动"走向"课程"? 到底是"课程"涵盖"活动",还是"活动"兼容"课程"? 这是我国当代德育课程发展史中颇具争议的学术焦点

① 杨光伟.活动课程研究综述[J].辽宁教育.2003(3):22-26.
② 李臣之.活动课程的再认识:问题、实质与目标[J].课程教材研究所.活动课程论[M].北京:人民教育出版社.2003:175.
③ 龙宝新.专化与泛化:谱系意义上的德育课程之思[J].中国德育,2018(4):21-25.
④ 上海教研官方微信.新时代学校德育:学科德育与综合德育协同发展,2019-9-29. https://mp.weixin.qq.com/s/VdJuI0-eI7E3l0weOT4CKQ

之一。防止德育活动在课程化中蜕变成为课堂教学、文本课程、静态课程等发展受限的"小课程",保持活动性课程特有的灵活性、开放性、综合性等特点,是教育工作者要重点关注的问题,也是德育活动的发展需要。

(五) 德育活动的实践反思

1. 对德育活动定位的反思

在德育活动的定位方面需要我们反思的观点主要有:① 工具化的价值定位,认为德育活动只是出于教育管理的需要,是管理的工具,为教学服务,或是应付教育检查的"应景之作",而非育人载体;[1][2]② 认为德育活动是学校特色和素质教育的代名词,相较而言,有声有色的德育活动容易被视为是学校的特色,也更多地和素质教育、全面发展等联系起来;③ 认为德育活动是凸显办学业绩的有效手段,德育活动的出色表现会带来诸多荣誉,从而带来对学校的好的评价和名声。[3]

2. 对德育活动目标设计的反思

在德育活动目标设计方面有以下这些典型的问题值得反思:① 缺少明确的目标,使之等同于自由活动;② 目标过多,缺乏主题性的聚焦,导致目标的模糊;③ 把活动视为目标,本末倒置,盲目开展活动;④ 目标"骨中挑刺",把部分学生的不良行为强加于所有学生身上,以偏概全,导致对学生进行过度教育;[4]⑤ 目标缺乏学段区分度,同一类型的德育活动,难以根据学生的学段特征做到有针对性。[5]

3. 对德育活动实施的反思

在德育活动的**内容方面**存在如下问题:① 脱离学生生活,忽视学生日常生活经验,缺乏真实的教育情境,导致学生难以形成有意义的体验[6]② 唯特色化,为了特色而特色,标新立异、哗众取宠,忘了德育的初衷,似乎不谈特色就无以展现

① 李宏亮.德育活动:学生德性生长的校园样态[J].江苏教育(班主任),2018(3):7-10.
② 张道明.警惕德育活动低效的三种形式[J].中国德育,2017(4):69-71.
③ 李臣之.活动课程的再认识:问题、实质与目标[J].课程教材研究所.活动课程论[M].北京:人民教育出版社,2003:174-178.
④ 陈元龙.困境与突破:中学德育活动课程的现实问题及改革路向[J].基础教育参考,2017(23):74-76.
⑤ 张凤池.立德树人背景下中小学德育活动衔接性研究[J].课程·教材·教法,2019(6):79-86.
⑥ 陈元龙.困境与突破:中学德育活动课程的现实问题及改革路向[J].基础教育参考,2017(23):74-76.

学校的德育成效。^①在德育活动的**形式方面**应避免：① 跟风化,校际之间、本校的不同年度之间,形式明显趋同,甚至逐渐单一;② 娱乐化,导致只有娱乐价值,失去道德教育的意义和功能。^②在德育活动的**方法方面**存在的问题包括：① 活动逻辑学科化,很多活动的逻辑只是以活动来教育人,而非在活动中培育人,学生虽然身在活动中,但更多只是观摩,而非参与;^③② 活动方法"跑马观花",导致学生漫无目的,无法获得丰富和深刻的感受和体验;^④③ 活动过程指导非专业化,如义卖活动的重点应是"义",但学生在活动中却遵循的是市场经济的原则,学校对其中的德育悖论视而不见。^⑤此外,还有研究者谈到活动开展"虎头蛇尾",缺乏活动后续,没有长程化思考,没有顶层设计,对学生的道德震动点状而短暂。^⑥

4. 对德育活动评价的反思

在德育活动评价方面值得反思的问题有：① 评价方式忽视学生的真实感受,如根据学生所写的活动心得感受来进行评分,向学生传递"感受可以比较"的信号,从而不利于学生真实地参与和真实地体验;^⑦② 活动评价重量轻质,教育行政部门对学校的绩效考核往往采取量化评价的方式,学校便倾向于追求可以量化的结果,很少反思学生的收获。^⑧

总的来说,对德育活动的反思研究伴随着德育活动实践的各个环节,尤其是近五年来,随着德育活动的实践发展到了一定阶段,在肯定德育活动对学生德性发展的切实促进作用的同时,对它的实践反思也趋向频繁、深刻。

从纵向与横向两个角度来综合考量,德育活动的实践和研究都在不断发展、

---

① 张鲁川.警惕中小学德育活动的异化[J].中国德育,2018(14)：12 - 13.
② 李乃涛.论中小学德育活动"娱乐化"的原因与对策[J].课程·教材·教法,2014(6)：45 - 48.
③ 李宏亮.德育活动：学生德性生长的校园样态[J].江苏教育(班主任),2018(3)：7 - 10.
④ 张道明.警惕德育活动低效的三种形式[J].中国德育,2017(4)：69 - 71.
⑤ 张鲁川.警惕中小学德育活动的异化[J].中国德育,2018(14)：12 - 13.
⑥ 张道明.警惕德育活动低效的三种形式[J].中国德育,2017(4)：69 - 71.
⑦ 陈元龙.困境与突破：中学德育活动课程的现实问题及改革路向[J].基础教育参考,2017(23)：74 - 76.
⑧ 张鲁川.警惕中小学德育活动的异化[J].中国德育,2018(14)：12 - 13.

不断拓展。但时代、社会、学生的情况也都处于不断的发展之中,对德育活动的实践和研究尤其需要与时俱进。例如,与认知性的、学科性的课程相比,德育活动在课程化的过程中,如何在"泛化"和"专化"之间,即在课程的规范性与活动的灵活性和实践张力之间保持平衡? 再如,德育活动形式名目繁多,但它们是"谁"的活动形式? 主要是"德育工作者"的教育途径,还是学生成长的必由之路? 此外,面对互联网时代所带来的生活、学习方式等方面的改变,德育活动是保持和放大活动性课程的特点和优势,还是积极融入变革,创生新的德育课程形态? 这些问题都值得长期、大量而深入的学理和实践开掘。此外,回到中小学德育实践来看,中小学教师是保障德育活动实效性的关键,也是实践研究的中坚力量,加强对中小学教师关于德育活动开展的方法指导,提高实践者的实践与研究水平,同样至关重要。

第二章　德育活动的改进路向探讨
——基于中小学德育一体化视域的必要性

　　当今时代、社会都处于不断的发展之中,教育面临着前所未有的挑战,"培养怎样的人,怎样培养人"是永恒的教育命题。在此背景下,德育活动的改进同样必须与时俱进、不断创新。

　　近年来,大中小幼德育一体化构建的提出,是全面贯彻党的教育方针的必要要求,是时代发展的必然,是德育实践的紧迫需求,是德育发展的必然趋势。中小学德育一体化是大中小幼德育一体化架构中的重要一环。本章中,在回顾德育一体化的政策背景、意义价值以及研究现状的基础上,我们将基于区域在地方基础教育系统中的中观视角和枢纽作用,阐述基于中小学德育一体化视域改进德育活动的必要性。

一、德育一体化的政策背景

2005年,教育部出台《关于整体规划大中小学德育体系的意见》(下称《意见》),《意见》要求:准确规范各教育阶段德育目标和内容,科学设置各教育阶段德育课程。2011年,教育部启动"整体规划大中小学德育课程项目",要求:遵循学校德育工作规律和青少年学生成长成才规律,使大中小学德育纵向衔接、横向贯通、螺旋上升。2013年,教育部启动"立德树人"工程,要求围绕"培养什么人""怎样培养人"加强"五个统筹",其中,有效衔接、分层实施、循序渐进、整体推进是根本要求,准确规范设计德育目标内容、科学设置德育课程、积极开展德育活动、运用和拓展德育途径、开发有针对性和有效的德育方法是主要任务。国务院2017年1月印发的《国家教育事业发展"十三五"规划》中指出,"加强系统谋划和顶层设计,以社会主义核心价值观为引领,科学制定不同年龄阶段和各级各类教育的德育工作目标","使大中小学德育和思想政治教育由浅入深、分层递进、有机衔接"。2019年10月,中共中央国务院印发《新时代公民道德建设实施纲要》,指出:加强思想品德教育,遵循不同年龄阶段的道德认知规律,结合基础教育、职业教育、高等教育的不同特点,把社会主义核心价值观和道德规范有效传授给学生①。

各省市根据国家"德育一体化"政策又制定了地方的相关政策。如山东省于2016年5月25日发布《山东省中小学德育课程一体化实施指导纲要》,福建省2017年1月发布《关于整体推进大中小学德育一体化建设的实施意见》。上海更是在近十年每年的《上海市教育委员会工作要点》中都有"德育一体化"的相关要求,且2018年的提法在"大中小学德育一体化"基础上又增加了幼儿园学段,变为

---

① 中共中央国务院.新时代公民道德建设实施纲要[N].人民日报,2019-10-28(01).

了"大中小幼德育一体化";在《上海市中长期教育改革和发展规划纲要（2010—2020 年)》《上海市教育改革和发展"十三五"规划》等文件中也都提出了"整体规划大中小学德育体系"或"构建大中小学德育一体化体系"。

各省市也都在实践和研究层面进行了积极探索，上海在这方面走在了前面。上海市领导高度重视大中小学德育一体化，对上海市大中小学德育一体化作出了总体部署。上海市时任副市长翁铁慧领衔教育部社科重大攻关课题"大中小德育课程一体化建设研究"①，以培育和践行社会主义核心价值观教育为重点，形成以政治认同、国家意识、文化自信和人格养成为重点的大中小学德育顶层内容体系；在课程教材建设研究中，对现行主流教材覆盖德育目标情况进行碎片化研究，提出改进方向和修改思路；以体育艺术学科为范本，探索符合大中小学各学段特点、利于学段间纵向衔接的学科德育特点和规律；并构建校内外育人共同体，进行评价一体化探索。

二、德育一体化的意义和价值

（一）是国家和社会精神文明建设的使然

"十三五"时期是我国全面推进经济建设、政治建设、文化建设、社会建设、生态文明建设和党的建设，全面建成小康社会的决定阶段。"十四五"时期将是开启全面建设社会主义现代化国家新征程的第一个五年，是中国跻身高收入和创新型国家的关键期。2012 年，党的十八大首次把"立德树人"明确为现代教育的根本任务，写入党的全国代表大会工作报告，围绕"培养什么人、怎么培养人"这一根本问题，反复强调"立德树人"，培养中国特色社会主义事业的合格建设者和可靠接班人；2013 年，中共中央办公厅印发《关于培育和践行社会主义核心价值观的意见》；2017 年，中共中央办公厅、国务院办公厅印发《关于实施中华优秀传统文化传承发展工程的意见》；2019 年，中共中央国务院印发《新时代爱国主义教育实施纲要》；2020 年，中共中央国务院印发《关于全面加强新时代大中小学劳动教育的意

---

① 周敬山.固根铸魂 立德树人——上海大中小学德育课程一体化建设的探索实践[J].上海教育,2017
（10A）：30 - 33.

见》,足见国家对国民精神文明建设和思想道德建设的高度重视。

在德育建设的谋划上必须符合国家战略发展的顶层设计,德育一体化建设是德育领域顺应国家战略发展的必要要求,是从战略全局高度深刻认识国家和社会新形势下精神文明工作,高度重视国民思想道德水平的提升。

(二) 是提升学校德育工作实效的必然

学校德育是实现立德树人的根本保证。德育一体化建设产生于实践的需要,它的提出具有深刻的现实背景,它与德育工作中一直存在并愈益明显的碎片化与系统化的冲突和张力有着紧密关系[①]。在经济全球化、社会价值多元、信息时代特征的综合影响下,当代学生的个性更加鲜明,思想的独立性、选择性、多变性、差异性日趋明显。面对新形势,学校德育在某种程度上呈现出整体规划欠缺跨度、构成要素不全、过渡衔接不足的状态。如何通过加强社会主义核心价值观教育对学生进行思想引领,如何增强德育的科学性、针对性和实效性,增强德育的吸引力、感染力,如何改变部分学校和教师忙于应付各项工作、缺乏基于育人目的指引的现状,都成为学校德育需要面对的问题。

2018 年 10 月,本书研究者针对所在区域中小学德育一体化相关情况对 28 所学校(涉及学生、教师及学校管理者,共计 4 950 人)进行了先期调研。调研主要围绕:① 对本学段的德育设计和实施、德育效果的评价,对自身德育实施的感知和评价;② 对前一学段学校及其毕业学生在德育方面的评价和期待,对后一学段教育重点内容的建议;③ 参与区域组织的跨学段德育活动的情况。有几点调研结果值得关注:① 从学段内角度来看,德育目标与内容基本得到教育者肯定,但教师和管理者对本学段的教育重点认识不统一;与教师和学生相比,管理者对于德育实施过程和效果影响评价更高;② 从跨学段角度来看,教师对前一学段毕业学生的德育表现更不满意;更多管理者认为本校的德育工作效果会得到后一学段学校的好评;不同群体对所在学段的前一学段的教育重点认识不同;对后一学段的教

---

① 叶飞,檀传宝.德育一体化建设的理念基础与实践路径[J].教育研究,2020(7):50-61.

育重点认识更多集中在"生涯教育";③ 区域内学校管理者和教师对于其他学段的德育工作了解程度均不高,但相关学习意愿较强,最希望增强教育路径与过程设计能力。调研所反映出的教育者与学生之间、学校管理者与教师间的认识差异,以及学段间互动和衔接的有待加强,都意味着进行区域中小学德育一体化设计的重要性和必要性。

(三) 是满足学生道德成长需求的应然

历史上,许多教育家、研究者都为我们指出了满足学生道德成长需求和遵循学生道德成长规律的重要性。瑞士学者皮亚杰提出的"道德发展阶段论",美国心理学家埃里克森提出的"人格发展八阶段理论",美国心理学家科尔伯格提出的"道德发展阶段论",等等,都用阶段论、系统论的思想阐明人的道德人格形成遵循一定规律,随着年龄的增长、身心的发展,道德水平也会出现相应的发展。关键期理论则认为在人的品德行为习惯的发展中有关键期,即出现转折或飞跃的时期,这时进行品德行为教育最易收到效果,启发我们要注重各学段的发展侧重点,不能目标倒置、内容错位。

基于这些理论,研究者①普遍认为:"人的全面发展需要系统整体的教育来培养和支撑,从教育学和心理学角度来说,青少年的成长过程可以分为若干相互衔接、依次出现而又各具特点的道德发展阶段,每个阶段的德育内容都应该一以贯之,每个阶段的德育要求都应该循序渐进。"②教育者需要在了解教育对象的基础上,根据他们在不同道德发展阶段的需求,做好德育的有效衔接,从而促进个体身心发展和道德水平的提高,而不是因为学段变化出现人为的"隔离带"。

三、德育一体化的研究现状

(一) 发文趋势:近年有较大幅度增加

在中国知网中,以"德育一体化"或"德育衔接"为关键词,跨库检索共搜索到

---

① 胡增岩.吉林省大中小德育一体化的研究[D].长春:长春工业大学,2016.
② 张益,罗艺.大中小学德育一体化探析[M].上海:上海书店出版社,2016:14-15.

338篇文献(截至2021年3月),发表年度趋势请见图2.1,最近5年文章数量出现较大幅度增加,仅2019年就有65篇相关文章发表,可见德育一体化目前的受关注程度较高。

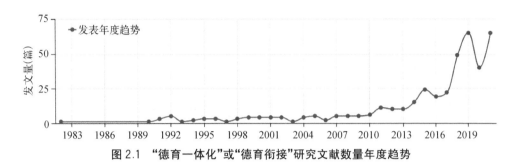

图2.1 "德育一体化"或"德育衔接"研究文献数量年度趋势

(二)概念演进:从德育衔接、整体规划到德育一体化

许多学者使用的"德育衔接"一词与"德育一体化"有密切关系。其中一部分[1]认为德育衔接是指在培养社会主义现代化建设需要的"四有"人才这一目标过程中,担负着不同任务的大中小学德育,根据本阶段任务要求和学生思想发展实际而搞好分工与协作,其宗旨在于使人才培养能不间断地进行,在不同阶段的中间不要出现任何断档、混乱的状况;另一种观点[2]则认为"德育衔接"实际上是关于德育过程的阶段衔接这一表述的简称,所指的是学校德育过程的各阶段即从小学、中学到大学是一个整体,德育的每一阶段不仅具有不同于其他阶段的特点和质的区别,而且每个阶段之间是相互联系、前后相随、互为因果及不断发展的,德育衔接的实质是学校德育过程及各阶段之间是独立性、连续性及整体性的辩证统一。首都师大詹万生提出"整体构建德育体系"[3],即以德性论、德育论、系统论为理论基础,以德育的目标、内容、途径、方法、管理、评价六个分系统为纬,以大、中、小德育工作三个子系统为经,横向贯通、纵向衔接、横纵交织,进而构成一个时间上具有全程性、空间上具有全面性,能够产生更大整体效应的教育系统——学校

① 刘继生.试论大中学校德育的衔接[J].江汉大学学报,2000(1).
② 王鲁宁.关于大、中、小学德育衔接问题本质及规律的哲学探讨[J].中共济南市委党校学报,2007,(4).
③ 詹万生.整体构建学校德育体系研究报告[J].教育研究,2001(10).

德育体系。

大中小学德育一体化这一概念是在"十二五"规划之后提出的,与"德育衔接""整体构建德育体系"等观点之间既有联系又有着本质的区别,德育衔接主要从衔接角度出发,主要通过学段间的联系去解决大中小学德育工作存在的问题,但是构建大中小学德育一体化主要是从整体规划上着手,二者在本质上有着明显的区别。

有研究者[①]认为德育一体化是指以马克思主义关于全面、联系和发展的观点为指导,运用系统论的原理和方法从纵向对大中小学德育进行全方位、多维度的综合考察和整体设计,使大中小学德育系统内各层次衔接贯通、各要素有机联系,形成整体作战的格局,从而达到大中小学德育的有序衔接和最优整合。一体化建设基于问题导向,主要包括:一是大中小学各学段间的一体化规划、一体化设计;二是德育课程与其他学科课程的一体化贯通;三是教育内容的一体化建设;四是学科教学在"学段上下""学科左右"的一体化衔接;五是教师队伍的一体化培养;六是管理体制的一体化合力[②]。

(三) 研究现状:成熟实践经验少,高质量基础理论研究少

总体来看,目前关于德育一体化的探索成熟经验少,高质量基础理论研究少。在 2013—2017 全国教育科学规划课题和上海市级教育科学研究项目的立项课题中,我们发现有一些区域、学校开始了德育一体化的研究和实践,如复旦大学高国希教授的"中小学品格教育一体化设计理论与实践研究",上海市杨浦区"区域推进'生命教育'大中小学衔接的实践研究",上海市普陀区"基于一体化视角的'普陀大学堂'区域课外活动体系建设"等。但目前这些研究多数尚在研究过程中,公开发表文章较少,仅上海市杨浦区推出了与"区域推进'生命教育'大中小学衔接的实践研究"有关的研究成果书籍。在其他已发表的文献中,目前的研究更多偏向于从理论层面对目前德育一体化的现状进行诊断、评述、策略建议,且多数停留

---

① 叶鑫.大中小学德育目标一体化的逻辑进路[J].思想教育研究,2017(2).
② 周敬山.固根铸魂 立德树人 上海大中小学德育课程一体化建设的探索实践[J].上海教育,2017(10A).

在研究层面,联系实践、付诸实践或运用于改进实践并取得良好效果的研究几乎没有。

多数研究从德育系统本身的视角,从目标、内容、途径、师资、管理与评价等方面来看待德育一体化的现状或问题,但仍有一些值得反思的问题。例如,第一,未将德育作为一个系统工程,把不同教育阶段的德育目标、内容、方法等通盘考虑;第二,教育思想不完全一致,未能将素质教育的思想贯穿于一切教育阶段;第三,德育实施的具体途径缺乏整体规划和明确分工;第四,在德育教育及管理中注重形式,轻视效果,德育效用"空泛""乏力"和"失灵"等实效不高的现象严重。① 同时,有研究者认为,大中小德育衔接的主要问题为德育目标定位不清、德育内容与实际脱节、德育途径与方法基本脱节、德育管理与评价流于形式。② 也有少数研究者从学段转换过程中学生的不适应来认识德育衔接问题,如李意如等认为,中学生升入大学后,由于客观环境的变化,使他们在学习、环境、生活方式等方面产生了许多不适应,而这些实际上反映出的是大学、中学德育在衔接上存在问题。③

关于优化对策,有关研究主要从三方面进行理论层面的论述:① 德育理念创新角度。如要实现德育有效衔接,就需要变换思维的角度和方法,从德育大系统的角度认识不同学段的德育工作,树立"德育场"理念和"立体思维"。④ ② 德育系统完善角度。华东师大李家成提出,基于学生生命成长的立场,基于对衔接年段学生道德成长需要的认识,可以尝试形成以为民之德、为人之德、行事之德、立身之德四方面为内容维度,以各衔接年段为发展维度,建立起结构性的内容设计,作为促进大中小学德育内容衔接的参照系。⑤ ③ 德育工作者素质提升等角度。如要注意对德育教师队伍的打造,合理规划教师队伍,形成良好的人才培养机制,通过

---

① 王鲁宁.关于大、中、小学德育衔接问题本质及规律的哲学探讨[J].中共济南市委党校学报,2007(4):49-52.
② 钟倩,张文标,肖森.大中小学德育衔接问题及对策研究[J].学理论,2017(5):231-233.
③ 李意如,汪宝熙,等.大、中学德育的衔接问题[J].青年研究,1982(3):13-18.
④ 张慧雨,孙旦.构建大中小学相衔接的德育体系的重要性及其措施[J].内蒙古师范大学学报(教育科学版),2009,22(12):36-39.
⑤ 李家成.论大中小学德育内容的衔接[J].东北师大学报(哲学社会科学版),2011(1):174-179.

培训使教师获取新的知识和教学技能,同时紧跟时代步伐,研究德育新动态。大中小学同步建立班主任工作制度,发挥班主任在德育工作中的引导和示范作用,同时通过有效规划的管理体制,体现学生的主体地位。①

但值得注意的是,德育一体化领域的专业基础研究深度不够,是导致德育一体化存在诸多问题的重要原因。②对于确保德育一体化科学性的关键所在:德育一体化的基本理论问题,如德育一体化的内涵、本质和功能等;对于确保德育一体化的制度保证:德育一体化的顶层设计理论;对于真正实现德育一体化的内在依据:青少年品德发展规律的阶段性特征和青少年道德学习的内在机制等,缺乏高质量的研究。③在青少年品德发展规律和道德学习机制方面,在皮亚杰、科尔伯格等中外教育学家对学生认知发展的基本理论基础上,如何在学习认知过程中,体现循序渐进规律;在知识积累过程中,体现量变质变规律;在遴选接纳知识的过程中,体现需要—兴趣—动力规律;在素质形成过程中,体现内化外化规律等方面,依然缺少高质量的转化研究。④

(四) 发展空间: 德育活动的一体化

从"关键词共现网络图"分析(见图2.2⑤),除主题词"德育"和"一体化"之外,第一类共现度较高的关键词集中于"一体化教学""德育课""教学模式"等,第二类集中于"道德教育""法制教育""心理健康"等,这两类关键词的共现特征表明:关注德育课程教学及德育内容的研究较多。若从十九大报告指出的教育引导、实践养成、制度保障三个方面来考量,会发现目前的研究更多从"教育引导"的角度出发进行一体化的研究和实践,德育活动的实践养成和制度保障相对受关注度较低。

---

① 钟倩,张文标,肖淼.大中小学德育衔接问题及对策研究[J].学理论,2017(5):231-233.
② 许家烨.大中小学德育课程一体化研究述评[J].文化软实力研究,2020(1):85-97.
③ 班建武.三问"德育一体化"[J].教育家,2020(09):29-31.
④ 卢黎歌,耶旭妍.规律:大中小学思政课一体化建设的必然遵循[J].北京工业大学学报(社会科学版),2020(1):10-12.
⑤ 谢梦菲.哲学视域下新时代一体化德育的构建[J].思想政治课教学,2018(7):8-12.

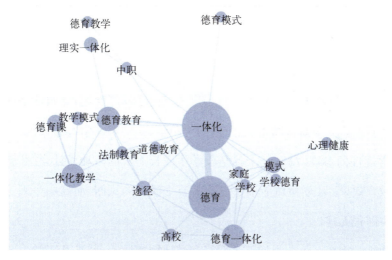

图 2.2 关键词共现网络图

从文献主题来看,也印证了这种情况,除了"德育""一体化""衔接"等外,出现较多的主题是"德育课程""德育目标""德育内容""社会主义核心价值观""德育工作者"。而"德育活动",作为学校德育的重要组成部分和学生道德实践养成的重要抓手,在目前研究主题中的受关注度仅为 1.43%,有待研究的空间较大。

综合德育一体化相关文献研究,我们发现,大中小学一体化推进德育工作作为提升德育实效性的必然路径选择,在研究和实践层面都受到极大的关注。但德育一体化研究中,目前对思政课一体化的研究和实践更为集中,也相对成熟,对德育活动课程的一体化的研究关注度较低。因此,从德育一体化的研究内容角度来说,作为学校德育的重要组成部分和学生道德实践养成的重要抓手,学校德育活动课程一体化的研究重要性和必要性十分显著,有助于与思政课一体化形成有机协同、协调互促,共同推进学校德育实效性提升。这也为本书的研究提供了广阔的空间。

四、基于中小学德育一体化视域改进德育活动的必要性

(一)学生角度:回应不同学段学生的成长需求

小学、初中和高中学生处于人生的不同阶段,认知理解能力、心理情感状况、

意志承载水平和理想信念追求有着巨大的不同。德育既要与人的认知进程相匹配，又要依据社会对学生社会化的总体目标，将教育目标、教育内容和教育手段阶段化、层次化。但在现实中仍不难发现，德育活动经常出现难以体现不同学段的区分度、不适合该学段学生、只是注重了形式上的活动等问题，导致活动内容丰富但实效性较差。如参观博物馆、烈士陵园等小学、初中和高中都会开展的活动，如果只是常规性的参观，没有基于各学段学生成长需求的活动设计，往往就不能取得好的教育效果：小学生可能不足以理解整个活动的见闻，而高中生则可能觉得常规的讲解很无趣。

在中小学德育一体化视域下来看待和设计德育活动，就是基于学生的成长规律，让小学、初中、高中达成学段与学段之间独立性、连续性及整体性的辩证统一，为学生提供不同又连续的平台，是满足学生道德成长需求的必由之路。

（二）学校角度：回应困扰基层学校的共通性问题

尽管各种德育活动在学校蓬勃开展，关于德育活动的研究探讨、实践思考热度也很高，但纵观广大中小学教师对于学校德育活动的设计，更多地还是凭借直觉和经验。教师缺乏理性的、上位的方法指导，从而难以准确根据学生的学段特征来设计有针对性的活动，导致学生很难通过德育活动来把握社会对自己的德育要求，这是困扰基层学校的共通性问题，也成为了制约活动育人效益提升的重要因素。

有学者指出，如何综合众多理论成果，遵循学生成长和道德认知规律，制定相对完善的德育衔接体系，使德育内容有效落地，是当前亟须解决的问题[①]。对于德育活动而言，在中小学德育一体化视域下，如何结合自上而下的学理转化与自下而上的实践提升，为学校和教师设计与实施学校德育活动提供方法指导，对于肩负学理转化与实践提升职能的区域教育学院而言，是在区域德育发展中需要回答的重要命题。

---

① 张凤池.立德树人背景下中小学德育活动衔接性研究[J].课程·教材·教法,2019(6):79-86.

（三）学理角度：回应德育活动的系统性诉求

德育体现着国家意志，在实现国家教育目的、促进人的完善发展等方面，发挥着基础、核心的作用，其具有深刻的系统性诉求。德育的系统性诉求，即德育需要通过自身的理念、目标、课程、方法等方面的一体化建构，来实现培养全面发展的人的使命。[①] 然而，在学校德育实际开展过程中，我们看到，德育又面临着碎片化、分散化、条块化的种种风险，这制约了德育的效果和质量的提高。聚焦德育活动，在基本理念、目标导向、内容选择、方式方法等方面，我们都能看到碎片化的风险。

基本理念方面，如何更好地凝聚共识、促进德育理念整合仍是重点问题。以行为规范教育为例，学校开展的行为规范教育活动是仅仅旨在培养学生良好的习惯和规范，使其成为具有规则意识的人，还是培养学生主动的自我调控能力，使其成为具有公共和契约精神的人，对此，不同的学段间看法不一，从而影响着教育的连续性。

目标导向层面，各学段往往只关心本学段的目标，相互间的目标体系的条块分割状况仍然比较显著，各学段怎样将目标进行统整、升华出更加贯通和衔接的核心目标体系，帮助学校和教师在全局视野下合理定位本学段目标，值得研究。

内容选择层面，各个学段在纵向衔接上也不够顺畅，横向上看各学段的内容模块往往很不相同（尽管各学段可以各自有侧重，但核心内容模块各学段都应关注），导致纵向上无法分层递进，进而无法形成有机的内容整体。

方式方法层面，各学段德育活动存在方法运用或单一、呆板，或多元、分散乃至随意的现象，一直缺乏在方法层面上的系统的、整体的各学段谋划，没有形成科学、合理的德育方法体系以供学校和教师选择和使用。

综合学生、学校、学理多重视角可见，就德育活动的发展而言，在德育一体化视域下来探索和研究德育活动的改进是一种必然。我们需要不断加强各个学段

[①] 叶飞，檀传宝.德育一体化建设的理念基础与实践路径[J].教育研究，2020(7)：50-61.

德育活动之间的系统性,建构各个学段之间的理念、目标、内容等的有机衔接,并以适切的活动方式、方法来促进学生的品德发展,从而实现德育的目标与使命。

而在中小学德育一体化视域下来探讨德育活动的改进,就必然要涉及学段不同、类型不一、数量较多的学校,因为若是聚焦个别或少数学校进行德育一体化研究,则没有统整性和代表性。因此,区域教育学院的中观视角和枢纽作用就显得至关重要。这也正是本书的切入点,即积极利用区域本身在中小学教育管理中的优势,发挥区域在中小学德育一体化中的规划、指导、调节等作用,以德育活动角度为突破口,逐步推动区域整体性地朝一体化方向进行德育变革研究。

第三章 德育活动的设计理路重构
——基于中小学德育一体化视域的方法指导

德育活动虽有"国定"的方向和理想,却没有也不可能有教材、固定的程序和现成的材料。广大中小学教师对于德育活动的设计,更多地还是凭借直觉和经验,获得的理性的、上位的方法指导较少。

一般而言,德育活动的设计是涉及制定目标、确定内容、选择形式与方法等方面的一整套操作体系,对此体系进行研究,并转化为对学校和教师的方法指导,将更有利于保证活动育人优势的发挥。

本章中,基于区域教育学院所肩负的学理转化与实践提升的中观视角,我们将聚焦中小学教师在设计德育活动时的若干重要环节,提出中小学德育一体化视域下的方法指导,助力德育活动小初高衔接的实践探索。同时,对于中小学德育一体化视域下的德育活动设计而言,建立合理的工作机制是重要的前提保障,对此我们也会在本章中加以介绍。

一、工作机制：同一学段内协同研究＋不同学段间纵向合作

工作机制的建立是推进德育一体化的前提。基于区域教育学院在中小学教育管理中的优势，可以通过领导中小学建立"同一学段协同研究＋不同学段纵向合作"的工作机制，来发挥区域在中小学德育一体化中的规划、指导、调节等作用。

同一学段内学校之间的合作，是基于对同一年龄阶段学生发展相似性的考虑，小学与小学、初中与初中、高中与高中之间形成学校共同体，同一学段间校际联合与互动。对德育活动来说，同学段合作有助于协调沟通并更好地定位本学段教育，也有利于不同学校间资源的共享、交流和互补。

不同学段之间的纵向合作，是从纵向上整体考虑学段之间的衔接关系，从而为构建小初高纵向衔接的德育活动序列奠定基础，其具体思路是：一校领衔，各学段通力合作，与领衔校形成合作关系。不同学段之间的纵向合作，让每一学段的活动能汲取前一学段的经验，同时也对后一学段产生积极影响，使得中小学德育活动成为一个有机整体，而不是随意拼凑的若干主题活动的混合。

此外，除了小学、初中、高中各学段学校的参与，区域层面的专业支持保障作用（分层次的培训、针对问题的靶向研究与咨询、区教育学院德研员的介入，以及区学校德育研究中心组共同体的协同等），与"同一学段内协同研究＋不同学段间纵向合作"共同形成了德育活动一体化的工作机制（如图3.1）。

二、目标导向：各学段达成中小学生的总体发展方向的共识

在中小学德育一体化视域下，制定具体的德育活动目标时，需要依据中小学

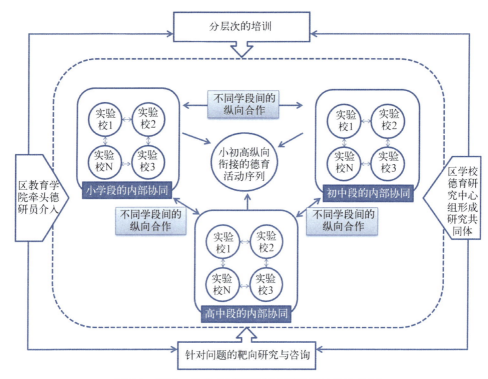

图 3.1　德育一体化视域下的德育活动设计工作机制

生在该领域的总体发展目标。各学段教师往往更关注本学段目标,而忽视了对总体目标的关照,或者说有时并没有为教师提供这种总体目标的参照。因此,各学段通过纵向合作的形式,达成中小学生在某些重要领域的总体发展方向的共识,让学校和教师在设计中小学生德育活动时有总体目标的参照,至关重要。

　　对于中小学德育活动关照的重要维度,例如"价值取向"教育、"行为规范"教育、"传统文化"教育、"生涯规划"教育、"心理健康"教育等,明确了总体发展目标,更有利于学校和教师站在学生终身发展、和谐发展的角度来设计德育活动。在此总体发展目标之下,就需要引导教师进一步结合德育活动这种教育途径的特点,明确这种途径最适合服务于哪些目标的达成。对此,我们针对"价值取向"教育、"行为规范"教育、"传统文化"教育、"生涯规划"教育、"心理健康"教育等方面的总体目标和适合通过德育活动来达成的目标进行了梳理(如表 3.1)。

表3.1 学生发展重要维度目标与适合通过德育活动来达成的目标

维度	维 度 目 标	适合通过德育活动来达成的目标
价值取向	爱党爱国爱人民,自觉以习近平新时代中国特色社会主义思想为引领,培养为共产主义远大理想和中国特色社会主义共同理想而奋斗的坚定信念和信心,用社会主义核心价值观作为做人做事的价值准则。	激发学生强烈的情感认同,潜移默化地增强学生对价值观、理想信念、伟大思想的感知和体验,同时能为学生提供实践锻炼的契机。
心理健康	能正确认识自己,具有稳定的情绪、积极的学习心理、良好的社会适应和人际关系,能有效地发挥自己的身心潜力,以及作为社会一员的积极的社会功能。	面向全体学生,注重宣传、普及心理健康知识,引导学生积极主动关注自身心理健康;通过群体性的活动,在体验中增强感悟,增加朋辈互助。
行为规范	具有健康、规律的生活习惯,注重绿色环保;形成科学、有效的学习习惯;与人交往中遵守礼仪规范;网络生活中遵守相关道德规范,集体和社会生活中自觉遵守公共秩序、社会公德,拥有作为一名社会合格公民的基本文明行为素养。	为学生提供习得、练习和践行的场景和情境,助力学生将规则、信念等付诸实践,促进知行合一的行规目标的达成。
传统文化	感悟中华优秀经典所蕴含的基本知识、人文思想、行为方式、情感态度、精神价值等,走进、体验和探究地域特色的非物质文化遗产,学习和发扬革命精神和时代发展,增强文化自信,自觉传承、发展、创新中华优秀传统文化。	让中小学生近距离直接地感受、体验、探究传统文化,领略传统文化的魅力,激发传承和发展中华优秀传统文化的责任感和使命感,增强民族文化自信和价值观自信。
生涯规划	指导学生认识和发现自我价值,主动开发自身潜能,理解生涯意义,学会有效管理自己的学习和生活,增强生涯发展的基本技能,养成科学的职业价值观与终身学习观,帮助学生发展成为有明确人生方向和有生活品质的人。	让学生在实践与体验中,初步认识职业、了解职业,发现和培养职业兴趣,思考不同社会角色所承担的责任,认识到人生价值和意义,进而结合自身实际情况,尝试进行生涯规划。

三、内容体系:各学段明确自身教育的纵向定位

在目标制定后,基于不同阶段学生的认知特点和道德学习规律,就应将教育目标层次化为相应学段的教育内容,关注年段衔接的特殊性、独特性,实践的现实可能性和内容融通的综合性,从而确立具有学段层递性的内容体系。这在中小学德育一体化背景下尤为重要,直接关系到各学段如何找到各自教育在纵向坐标中的定位。

内容体系构建的第一步,是基于总体目标,通过"政策导向＋需求导向",在横向上确定支撑总体目标达成的各学段共同的核心内容模块。例如,主要依据《中小学生守则(2015年修订)》、上海市中小学行为规范示范校评估要求和区域中小学生行为规范现状,将"行为规范"维度的核心模块确定为:生活习惯、学习习惯、交往礼仪和公共规范。

内容体系构建的第二步,则是以模块为纽带,将总体目标层次化,分解到各个学段的各个模块,从而形成具有学段层递性的内容体系。以"行为规范"维度为例,"教育学生在集体和社会生活中自觉遵守公共秩序、社会公德,网络生活中遵守相关道德规范,拥有作为一名社会合格公民的基本文明行为素养"是"行为规范"模块的总体目标。基于这个目标,可以这样进行目标的学段层次化:对于小学生而言,认知发展以具体形象思维为主,对事物深层次意义和价值的理解能力不够,对规范的内化机制较多地依靠顺应和模仿,因此教育内容要侧重创造具体情境,从各种具体的遵守公共规范的行为指导做起;初中生已经过渡到抽象思维阶段,有一定的道德概念和判断,但容易受到青春期情绪波动、逆反和对抗心理以及同伴行为的影响,因此教育内容中除了关于遵守公共规范的行为原则的指导,还应有必不可少的具体行为规约;到了高中阶段,学生已经拥有很高的抽象认知水平,道德发展方面初步形成了"三观",并趋于稳定,对于规范的内化阶段也能达到信奉水平,即能较自觉地运用道德观点和原则来调节自己的行为,明确自己的道德定位,因此教育内容可以侧重原则指导和理想激励,鼓励高中生将内在对于公共规范的信念外化为对规范的维护和遵守行为。如此,基于不同阶段学生的认知特点和道德学习规律,便将行为规范教育目标层次化,形成了各学段的德育活动内容体系(请见第四章中表4.6)。

四、核心理念:契合学生发展的内在规律

中小学德育一体化视域下,是否对学生相应领域素养发展的内在规律有整体的认知和把握,影响着对德育活动目标、内容的认识,以及对德育活动方法、手段

和评价的选择和运用,进而影响着各学段德育活动设计的科学性、针对性和有效性。因此,契合学生发展的内在规律,应该成为德育活动设计的核心理念,是在设计德育活动时需时刻遵循的根本要义。有了达成共识的核心理念,学生从小学到高中才能浸润于具有一以贯之的教育内核的德育活动。

以行为规范维度为例,我们从学段学生行规发展现状和特点、学生行规发展要求的分析出发(见第四章表4.7),可以得出行为规范教育活动设计应遵循的核心理念。学校的行为规范教育活动应秉持这样的核心理念:**从被动走向主动、从他律走向自律**,即从小学到高中,要逐步引导学生从被动学习规则、接受行为训练、被动执行规则转化到主动将规范内化于心、外化于行,实现行为上的他律到自律。

同理,在价值取向、心理健康、行为规范和传统文化等维度,我们也确立了如表3.2的中小学一体化设计核心理念。

表 3.2 学生发展重要维度德育活动一体化设计核心理念

维 度	维度活动一体化设计核心理念
价值取向	启蒙、感知→接受、认同→信奉、实践
心理健康	立足发展性、预防性的教育定位,以培育学生积极心理为导向,关注并回应不同阶段学生常见心理困惑和心理成长需求
行为规范	从被动走向主动、从他律走向自律
传统文化	初步启蒙、认知文化→深入理解、认同文化→理性认识、增强文化自信
生涯规划	面向未来:启蒙→探索→选择

五、方法选用:基于道德教育原理

对各学段而言,在德育活动设计核心理念的指导下,选择适切的德育活动方法并恰当使用,才能将目标和内容在本学段进一步落地,将核心理念在本学段德育活动中进行有效转化。但长期以来,在方式方法方面,各学段德育活动存在方法运用或单一、呆板,或多元、分散乃至随意的现象,缺乏系统的、整体的各学段谋划,没有形成科学、合理的德育活动方法体系以供学校和教师选择和使用。当然这在一定程度上也是由于对目标、内容、核心理念等上位内容缺乏较好把握,导致了后续方式方法的选用不当。

在德育活动设计的目标、内容、核心理念等内容的直接影响下,方法选用的关键在于以学生为本,基于道德教育原理。尤其是核心理念,它与方式方法的选用紧密相连,德育活动方式方法是核心理念在各学段教育实操层面的直接反映。以"行为规范"维度为例,在"从被动走向主动、从他律走向自律"的核心理念下,确立了各学段德育活动的形式选择以及每类形式的方法要点,从而将核心理念落实于具体的活动过程中(具体请见第四章表4.8)。

同理,在价值取向、心理健康、行为规范和传统文化等维度,我们也给出了基于道德教育原理的中小学德育一体化视域下的方法选用指导,详见第四章。

六、工作流程:依托指向小初高纵向衔接的德育活动设计框架

在目标、内容、核心理念、方法要点等明确之后,德育活动的设计便可进入工作流程。在中小学德育一体化视域下,工作流程是工作机制的具体体现,最终确保完成德育活动的设计。

我们认为,中小学德育一体化视域下的德育活动设计工作流程可以依托如下**指向小初高纵向衔接的德育活动设计框架**来逐步完成:学习、准备(目标、内容、核心理念、方法要点等)→选择教育内容→分解、定位各学段子主题→表述各学段具体活动目标→思考各学段活动内容、资源等→匹配各学段活动方式方法→不断修正、完善,形成小初高纵向衔接案例雏形。以"小初高网络行为规范教育活动"为例,加以说明:

学习、准备。了解行为规范维度的目标、内容中对于学生网络行为规范方面的要求,并结合学生在手机使用和网络生活中遇到的现实问题,进行初步分析,初步梳理教育需求;学习行为规范维度教育的核心理念和教育方法要点,为后续活动方法选用奠定基础。

选择教育内容。从行为规范的两方面本质内涵(个人习惯、公共规范)着手,

根据学生遇到的实际问题和培育信息时代合格数字公民的最终目标,确定学生网络行为规范教育内容,如习惯方面包括合理安排上网时长、树立网络安全防范意识等,公共规范包括在网络交往中、在网络生活中做到文明、自律、有责任感等。

分解、定位各学段子主题。 根据各学段最突出的问题,将教育内容合理分解,为各学段定位教育子主题。如小学段教育内容可以定位于网络安全自我保护,故子主题确定为"安全网上行";初中段教育内容可以定位于网络娱乐自我约束、合理有度,故子主题确定为"健康网上行";高中段教育内容可以定位于网络空间道德自律,故子主题确定为"自律网上行"。

表述各学段具体活动目标。 在各学段子主题确立后,便可进一步表述具体活动目标,如小学段是要教会学生在网络中如何确保各种安全;初中段是帮助学生预防沉迷网络娱乐活动;高中段是引导学生明确要在各种网络事务中自觉践行道德原则。

思考各学段活动内容、资源等。 这一步骤应尽量贴近学生真实的网络生活,将学生所遇到的真实案例转化为活动内容和资源,也可以利用公开的具有教育、警示作用的案例作为资源。如现在初中生在观看短视频、打赏主播、网络游戏等网络娱乐行为方面引发了较多需要关注的情况,便可选取相关案例转化为活动内容和资源。

匹配各学段活动方式方法。 活动内容和资源确定后,需要进一步为各学段匹配最合适的方式方法,根据行为规范维度教育"从被动走向主动、从他律走向自律"的核心理念以及活动方法要点,小学段可以采用故事法、情景模拟等生动形象、游戏化的方法,增强教育趣味性;初中段、高中段也应更加突出学生的主体性,可以通过调查、对话、辨析、探究等活动,让学生在活动中主动内化教育要求,并由内而外改变行为。

不断修正、完善,形成小初高纵向衔接案例雏形。 通过上述步骤(这些步骤不一定严格按照上述顺序进行,可包含必要的先后顺序调整或某些步骤的反复),最终形成如表3.3的小初高网络行为规范教育活动雏形。

表3.3 小初高衔接的德育活动雏形（以网络行为规范教育为例）

学段	学段主题	学段活动目标（含初步的内容、形式、资源等思考）
小学	安全网上行	重点聚焦自我保护，通过讲故事、案例分析、情景模拟及相关自护方法的讲授等，教会学生在网络中如何确保各种安全（个人信息安全、财产安全、人身安全，以及遭遇网络暴力如何自救等）。
初中	健康网上行	重点聚焦自我约束，通过调查分析、案例讨论、反思评估及制订改进计划等，帮助学生预防沉迷网络娱乐活动（如观看短视频、打赏主播、网络游戏沉迷等）。
高中	自律网上行	重点聚焦道德自律，通过调查、思辨、探究、对话等活动，引导学生明确要在各种网络事务中（网络投票、网络抄袭、网络评价、网络言论等）自觉践行道德自律原则。

在活动雏形完成后，各学段便可依据本学段实际，凸显本学段特征，有针对性地设计本学段的案例。再之后，各学段需再次以"合作"研究的形式，汇总案例，围绕主题目标、核心理念和方法要点等，对各学段之间的衔接性、层递性进行评议，并不断调整和优化，以形成关于某方面的小初高纵向衔接德育活动案例。

七、设计检视：基于实施视角

中小学德育一体化视域下的德育活动，在设计时就应基于实施视角，关照如下要点进行活动设计检视，以确保可行性、现实性和可持续性。

活动设计是否基于规律？ 活动目标与内容的制定、活动方法和形式的选择是否以不同学段学生的身心特点、道德发展规律为出发点？是否遵循德育原理和终身发展观？

活动设计是否注重体验？ 活动是否强调学生亲身经历各项活动？是否在过程中进行"体验""体悟""体认"，在全身心参与的活动中，发现、分析和解决问题，体验和感受生活？

活动设计是否提倡自主？ 活动是否突出学生的主体性？是否充分体现学生的主动性、自主性、能动性、参与性？在活动开展过程中，活动策划、资料搜集、活动推进、成果交流、总结反思等环节是否是学生在教师指导下自主完成？

活动设计是否强调整合？ 德育活动具有综合性，是否体现个人、社会、自然的内在联系？是否融通多学科、多领域知识？是否整合多方面资源？是否强化德智体美劳在德育活动中的内在整合和全面发展？

活动设计是否突出开放？活动内容选择和组织是否具有开放性？是否关注了活动目标的开放（不以知识为唯一目标）、学生活动体验的多元开放（动手、动口、动脑）、活动空间的开放（学校、家庭、社区、大自然）等？

活动设计是否关注序列？德育活动设计是否基于学生可持续发展的要求，围绕主题使活动内容递进性、纵深化发展，不断丰富活动内容、拓展活动范围？是否处理好了学期之间、学年之间、学段之间活动内容的有机衔接与联系？活动推进是否呈系统化而非零散状？

聚焦德育一体化视域下的德育活动改进，本章中，我们努力将一直以来关于德育活动设计的以缄默化、直觉性为主要特点的知识进行显性化的提炼，以期给教师提供如何设计德育活动的方法指导，促进学校和教师对德育活动的研究和实践更具反思性、可改进性。需要指出的是，德育活动的设计和实践是紧密联系在一起的，而实践就意味着要因具体的教育资源、教育对象、教育实施者、教育环境等情况而论，也就意味着在德育活动设计的方法指导下，永远需要教师立足实际多元实践创新。

第四章　德育活动的学段衔接探索

——中小学德育一体化视域下的学生发展重点维度
德育活动设计要义与实践

马克思认为："全面发展的人是精神和身体、个体性和社会性都得到普遍、充分而自由发展的人。"因此，学生成长过程中，不仅需要获得正确的核心价值引领，明确基本的道德行为准则，也需要锻造良好的心理素质，提升自身的人文修养，并学会规划自我发展，实现个性成长。

同时，基于现实导向，从本书作者所在区域德育实际出发，通过对2014—2018年期间区域搭建的各类德育研究平台（如主题班会公开研讨课、德育论文评审活动）以及部分学校的德育工作月计划进行资料研究，分析得出了受关注度较高的德育活动内容多集中于生涯发展教育、行为规范教育、价值观教育、传统文化教育、心理健康教育等，即区域内学校和教师认为这五个方面是目前中小学德育中最应该关注的教育主题。

因此，基于"培养全面发展的人"的教育思想以及区域实际，本章中，我们将在第三章"德育活动的设计理路重构——基于中小学德育一体化视域的方法指导"基础上，进一步聚焦**"价值取向"**教育、**"心理健康"**教育、**"行为规范"**教育、**"传统文化"**教育、**"生涯意识"**教育这五个区域学生发展重要维度，通过各维度的设计要义和小初高纵向衔接案例的形式，一方面进一步提供中小学德育一体化视域下德育活动设计原理和方法要领指导，另一方面给出各维度中围绕某一教育主题的具体的小学、初中、高中案例参考，以帮助学校和教师把握基于中小学德育一体化视域的德育活动具体实践。

一、"价值取向"维度德育活动的学段衔接探索

(一) 设计要义

中小学德育一体化视域下如何设计"价值取向"维度德育活动?

在社会思潮多元繁杂的背景下,"价值引领"是立德树人之本。习近平总书记特别强调:"青年的价值取向决定了未来整个社会的价值取向。""价值取向"不仅直接反映为价值观,更根植于一个人的思想和信仰基础,思想指引的缺失和信仰的迷茫会直接导致价值观扭曲。因此,引导中小学生在建立对科学理论的理性认同基础上,坚定理想信念,弘扬社会主义核心价值观,是培养他们做社会主义事业的合格建设者和可靠接班人的重要先决条件。

基于此,对中小学生的"价值取向"教育可以将习近平新时代中国特色社会主义思想、社会主义理想信念、社会主义核心价值观等综合考量。开展"价值取向"维度的教育,要更好地结合学生实际,教育学生更加自觉地增强中国特色社会主义道路自信、理论自信、制度自信和文化自信,坚定不移走好这条道路,与时俱进拓展这条道路,一以贯之坚持和发展中国特色社会主义。

除学科性德育课程以外,学校各类德育活动是落实"价值取向"教育的重要抓手,其活动性课程特点和学科性德育课程协同互补,有利于增强教育实效。以德育活动为育人途径来开展"价值取向"维度教育,一是能潜移默化地增强"价值取向"教育的吸引力;二是能强化感知和体验,增强"价值取向"教育的感召力。在中小学德育一体化视域下,开展"价值取向"维度德育活动具体有怎样的设计要义,我们下面将从总体目标、内容体系、核心理念、方法要点、实施要点等方面加以阐述。

1. 中小学"价值取向"维度德育活动总体目标

教育学生爱党爱国爱人民,自觉以习近平新时代中国特色社会主义思想为指

引,培养为共产主义远大理想和中国特色社会主义共同理想而奋斗的坚定信念和信心,用社会主义核心价值观作为做人做事的价值准则。

2. 中小学"价值取向"维度德育活动内容体系

(1) 主要内容模块

依据中共中央办公厅《关于培育和践行社会主义核心价值观的意见》、教育部《中小学德育工作指南》等要求,同时结合区域学生实际,通过"解读国家精神→分析现实情境→诊断教育需求→表述开发目标→确定维度内容模块→解释与修正→评价与检验"的路径,综合研判形成了以下适合本书作者所在区域的"价值取向"教育主要内容模块。

思想指引。指以习近平新时代中国特色社会主义思想为教育重点的中国特色社会主义理论体系。

理想信念。指建立在对科学理论、历史规律、基本国情和人类社会发展的认识、认同和把握基础上的,为共产主义远大理想和中国特色社会主义共同理想而奋斗的信念和信心。

社会主义核心价值观。即党的十八大提出的社会主义核心价值体系的内核。国家层面的价值目标为富强、民主、文明、和谐;社会层面的价值取向为自由、平等、公正、法治,公民个人层面的价值准则为爱国、敬业、诚信、友善。

(2)"模块—学段"内容体系

表 4.1 "价值取向"维度德育活动"模块—学段"内容体系

主要模块	学 段 内 容
思想指引(以习近平新时代中国特色社会主义思想为教育重点)	**小学**:爱党爱国爱人民,初步接触习近平新时代中国特色社会主义思想,了解该思想对于祖国的重大而深远的历史意义。
	初中:爱党爱国爱人民,学习习近平新时代中国特色社会主义思想,理解其科学体系和丰富内涵,认同其对于实现中华民族伟大复兴的深远的历史意义。
	高中:爱党爱国爱人民,深入学习习近平新时代中国特色社会主义思想,理解其精神实质和实践要求,深刻领悟该体系对于实现中华民族伟大复兴的深远的历史意义。

主要模块	学　段　内　容
理想信念	**小学**：了解共产主义远大理想和中国特色社会主义共同理想，树立努力学习，长大后报效祖国的崇高理想。
	初中：了解共产主义远大理想和中国特色社会主义共同理想的基本关系，树立努力学习，长大后报效祖国的崇高理想。
	高中：深入学习共产主义远大理想和中国特色社会主义共同理想的基本关系，并把个人理想与之联系起来，树立报国之志向。
社会主义核心价值观	**小学**：认真学习社会主义核心价值观，知道各个层面分别有哪些价值观以及各自基本的内涵，并在日常生活、学习中践行和落实。
	初中：认真学习社会主义核心价值观，认识到每个价值观对于祖国和全体人民的意义和价值，并在日常生活、学习中自觉践行和落实。
	高中：认真学习社会主义核心价值观，深刻理解每个价值观的意义和价值，并在日常生活、学习中自觉践行和落实。

3. 中小学"价值取向"维度德育活动核心理念

如何能使思想、信念、价值观的教育从宏观的、抽象的、理论的观点转化为不同学段学生切实需要、乐意接受、能够理解的内容，使学生能主动、积极地予以内化并持续践行，需要学校进一步发挥教育的转换功能。基于不同学段在本维度需关注的学生现状、特点，以及思想理论教育、理想信念教育和社会主义核心价值观教育的机制和规律，我们认为小学、初中、高中应确立"启蒙、感知→接受、认同→信奉、实践"的"价值取向"维度德育活动核心理念，具体请见表 4.2。

表 4.2　"价值取向"维度德育活动核心理念

	维度需关注的现状和特点	学段维度德育活动核心理念
小学	小学生思想意识可塑性强，辨别是非能力有限，善于模仿。抽象理解水平较低，对于思想理论、理想信念、核心价值观等没有概念，不适合于抽象性的偏认知层面的灌输。	**启蒙、感知**：初步接触思想理论、理想信念、核心价值观，感知其对于祖国和人民是十分重要的，能做到对小学生基本的行为要求。
初中	初中生身心快速发展，视野不断扩展，知识量不断增加，喜欢批判事物。有从众心理，思想意识可塑性强，对思想理论、理想信念、社会主义核心价值观的重要意义和价值的认知不断加深。	**接受、认同**：认识到思想理论、理想信念、核心价值观与自身密切相关，深入理解、主动接受其对初中生各方面行为的规范、导引，在情感和理性上积极认同。

（续表）

	维度需关注的现状和特点	学段维度德育活动核心理念
高中	高中是学生价值观形成和确立的关键时期,内心世界活跃,有时也易茫然。在经济全球化、社会价值多元、信息时代特征的综合影响下,高中生的个性更加鲜明,思想的独立性、选择性、多变性、差异性日趋明显。	**信奉、实践**:深刻认识到思想理论、理想信念和社会主义核心价值观对祖国和全体人民的重要价值和意义,提高认同度,使其处于思想意识的核心地位,并能自觉以此指导自己的行为实践。

4. 中小学"价值取向"维度德育活动方法要点

在中小学德育一体化视域下,基于"价值取向"维度德育活动"启蒙、感知→接受、认同→信奉、实践"的核心理念以及各种德育活动样式本身的特点,我们给出了开展"价值取向"德育活动的推荐活动样式以及活动方法要点。

表4.3 "价值取向"维度德育活动方法要点

	推荐活动样式	活动方法要点
小学	主题班会活动、重大纪念日活动、团队活动、参观访问等	小学段活动应注重具体化、形象化、生活化,鼓励学生积极参与、亲身体验;尤其关注基于儿童视角的活动目标和内容的确定,避免与学生生活脱节;营造良好的活动氛围,增强教育内容感染力。
初中	主题班会活动、重大纪念日活动、团队活动、参观访问、公益服务、社会调查、研学旅行、专题讲座等	初中段活动应选择初中生感兴趣、贴近其生活、具有时代性的题材;不搞单纯的过程演绎或看似热闹的互动参与,注重高认知和高参与相互统一,引导学生的理性思考,从而深化理解、主动接受,实现认同。
高中	团队活动、重大纪念日活动、参观访问、公益服务、社会调查、研学旅行、主题班会活动、职业体验、专题讲座等	高中段活动要从真实的社会生活入手,注重选择具有思辨性、哲理性的素材;要关注由具体事件的处理技巧到一般问题的处理原则,从而使教育由行为引导转为价值引领;充分调动学生知情意行,促进内化,并指导行为实践。以高中学生综合素质评价为指导,可以志愿服务(公益劳动)、社会调查等学习实践活动为载体进行。

5. 中小学"价值取向"维度德育活动实施要点

(1) 教育方向要正确

"价值取向"维度的德育活动要体现鲜明的方向性,坚决拥护中国共产党的领导,坚定"四个自信",引导学生形成正确的国家意识、政治认同。

(2) 教育目标要合理分解

在中小学德育一体化视域下，要结合学校、学生实际，将本学段目标要求分解为学年、学期的具体可操作的任务，并明确每次活动要达成的目标，确保总目标的逐步落实。

(3) 教育内容要理论联系实际

要分析"价值取向"主要模块的内涵，选取重要的精髓要义，在教育目标指引下按照学生的认知水平进行教育，并注重联系实际，发掘学生熟悉的案例，以促进学生对于理论的理解。

(4) 教育方法要增强感染力

应基于学生实际、师生特长、学校资源，选择适切的德育活动样式。而具体到样式中所采用的方法、手段，还应利于将理想信念、社会主义核心价值观等转化为学生能理解、感兴趣的语言，增强教育内容的感染力，在认知领会的基础上，激发学生的情感，从而坚定理想信念，促进自我成长。

(5) 多次活动之间要有层递性

鼓励围绕领域形成系列性的设计，体现年段特点，体现教育的层次性、延续性、系统性，持续不断推动学生对于"价值取向"的认同、内化和践行。

(6) 重视多方协同、互补

在"价值取向"德育活动实施中，要注重凸显活动性课程的特点与优势，在实践体验中落实思想指引、理想信念和社会主义核心价值观的教育，与道德与法治课程、思想政治课程等学科开展的同领域教育相协同、互补。还应加强学生工作部门与学校党支部、团组织、少先队等之间的联动、协作和互补。此外，还可与学校党支部的"主题教育"相结合，教师群体和学生群体相互促进，共同提高。

(二) 小初高衔接实践——以"四史教育"主题班会活动为例

围绕"价值取向"教育，在中小学德育一体化视域下，本书作者所在区域开展了社会主义核心价值观教育主题班会活动、"四史教育"主题班会活动、重大纪念日教育活动和 2020 年特殊学期"家国·责任"主题班会活动等方面的小初高衔接实践探索，并取得了良好的教育成效，受到学生的欢迎。

下面所选取的三个案例是小初高三个学段立足主题班会活动开展的学生"学四史"活动。就主题班会活动的特点而言,它是着眼学生实际问题解决的班本化教育,是构建学生成长重要微环境的集体性教育,是解决学生思想困惑的导向性教育,因而能避免"四史"学习教育脱离学生生活、流于表面形式,有利于学生变被动学习为主动内化。就主题班会活动的执教者——班主任而言,他们是班级工作的组织者、班集体建设的指导者、中小学生健康成长的引领者,是中小学思想道德教育的骨干,他们了解学生的心理和思想动向,能更有效地引导学生深刻理解、充分珍惜"四史"这份宝贵的财富,并从中不断汲取成长的养分和力量。以下三个学段的案例,都是基于学生对身边熟悉事物的发展史的探究而展开,不同学段反映出不同的特点,从中我们可以看出几个案例在"价值取向"德育活动设计核心理念"启蒙、感知→接受、认同→信奉、实践"中的准确定位。

·小学案例

家乡河的"成长"故事

一、教育背景

《中小学德育指南》指出,要引导学生了解祖国的发展变化,了解中华民族历史文化,感受家乡人的幸福与国家富强、社会文明之间的密切关系。根据我区提出的"启蒙、感知→接受、认同→信奉、实践"这一"价值取向"维度德育活动设计核心理念,小学段重在让学生启蒙、感知。因此可以将"国"的概念具体化,聚焦具体内容,把学生的情感体验和实际生活紧密联系起来,以"家—班—校—家乡—祖国"为突破口,循序渐进地引导学生启蒙和感知,从而落实爱国主义教育目标。

我校所在的浦江镇鲁汇,地处上海黄浦江东岸农郊地区,村落散布,河流水系众多,伴随着改革开放,几十年来发生了翻天覆地的变化。家乡河流的变迁历史正是家乡发展的缩影:从 20 世纪 70 年代标志性的水道大治河开挖,便于泄洪、灌溉、运输并发展经济;到 20 世纪 90 年代河流污染;再到近年来政府重视河道治理,重新让河流清澈起来。河流的变迁史也折射着浦江镇改革开放以来经济的发展,以及人们对环境态度的转变。

孩子们虽然在家乡生活了多年,平日也会目睹近年来的河道整治,但对家乡河和家乡的变化感触不深,也并不清楚家乡变化的背后是无数家乡建设者的付出。因此,通过"家乡河里的家乡事"系列活动,让孩子们了解家乡河流所经历的变化,了解家乡河变化背后的故事,感受几十年以来家乡的变化离不开建设者的辛劳付出,离不开代代人的努力,从而体会如今幸福生活的来之不易,并激起他们对家乡变化的自豪感和对家乡的热爱之情。

二、教育目标

1. 了解家乡河流自改革开放以来的变化历程,以及变化背后的故事。

2. 感受家乡河变化离不开家乡建设者的辛劳付出,体会到当今幸福生活的来之不易。

三、活动准备

1. 准备相关家乡河知识的竞答题目。

2. 编排情景剧。

3. 采访河道治理工作人员。

4. 采访祖辈了解有关大治河的故事。

5. 制作背景课件。

四、实施过程

(一) 我们和家乡河

1. 我们的发现

【教师活动】我们的家乡位于浦江镇,绿水环绕,河流众多。这些年来,家乡河随着家乡的发展,也发生许多变化。经过前期活动,大家有不少新发现,一起来看看吧!(播放前期家乡河探寻活动视频)

【学生活动】观看视频。

2. 我们的了解

【学生活动】进行家乡河知识竞答。

【设计意图】通过回顾前期活动视频和知识竞答,让学生进一步熟知家乡的河流,激发对家乡的热爱之情。

（二）家乡河的"成长"故事

1. 20 世纪 70 年代的大治河

【学生活动】彩虹小队讲述 20 世纪 70 年代大治河的故事，其他学生聆听。

【设计意图】通过了解家乡河历史过程，感受家乡河在家乡发展不同阶段的遭遇和变化。

【教师活动】班里一名小朋友的爷爷是当年参与挖河的工人，看看他对爷爷的采访吧！（播放视频）

【学生活动】观看《爷爷和大治河》视频。

【教师活动】看完以后，你们从中了解了什么？有哪些感触？

【学生活动】交流观后感触。

【教师总结】正是有了像他爷爷那样的 20 世纪七八十年代的建设者，在寒冬里喊着"愿流万担汗，汇成生命河"的口号，众志成城，才有我们今天的集农田灌溉、水道运输、排洪泄洪多种功能于一身的大治河。

【设计意图】大治河是浦江镇一条著名的人工河，学生对这条河很熟悉，班级中有部分学生的祖辈曾经参与过挖河建河的工程。彩虹小队带来的大治河历史和河流建设者的故事，让学生进一步了解了大治河，并且感受到大治河的建造离不开千千万万的河流建设者。

2. 20 世纪 90 年代小河的"苦恼"

【教师活动】走过了 20 世纪 70 年代，我们继续沿着时间的"走廊"，来到 20 世纪 90 年代，听听海洋小队带来的 20 世纪 90 年代家门口小河的故事。

【学生活动】表演情景剧："20 世纪 90 年代穿上'脏褂子'的小河"。

【教师活动】如果你家门口有这样一条小河，你的感受是怎样的？

【学生活动】思考交流观后感受。

【设计意图】以情景剧的形式让学生了解 20 世纪 90 年代家乡河经历过的被污染情况，为下一环节了解和感受河道治理后的家乡河变化做好铺垫。

3. 当代家乡河之"新貌"

(1) 当代的家乡河

【教师活动】小河的苦恼，解决了吗？我们看看小朋友搜集到的现在的家乡河照片，并说说你们的发现。

【学生活动】交流对家乡河的新发现。

(2) 家乡河之变

【教师活动】播放录音,录音讲述的是一位爸爸眼中的家乡河的变化。

【学生活动】听录音。

(3) 当代河流守护者

【教师活动】就像刚才这位爸爸所说的,最近正在大力整治河流,为河道清淤。治理河道可不是一件简单的事,溪流小队采访了河流治理的工作人员,让我们一起来看看他们的日常工作,并想一想你们有什么要对这些河流治理工作人员说的?(播放采访视频)

【学生活动】思考交流。

【教师总结】河流的治理并不是一件轻松的事,不仅需要辛勤劳动,还需要过硬的技术。正是这些河流治理守护者,让我们的家乡河更加清澈,让我们的生活环境更加美好,大家一起给这些河流的守护者点个赞!

【设计意图】让学生感受近几十年来家乡河经过整治前后的变化,进一步体会治理河流不仅要辛勤劳动,还需要专业技术,感受到家乡河离不开这些建设者背后的付出,体会到当今幸福生活的来之不易。

(三)家乡河我来护

【教师总结】经过今天的交流,我们了解了家乡河的历史变迁,走进了 20 世纪 70 年代修建大治河的壮阔场景,并认识了为城市发展添砖加瓦的祖辈们。从 20 世纪 90 年代到现在,家乡河从被污染,到被治理,河水越来越清澈,这离不开无数河道治理工作者的不懈努力。

【教师活动】我们应该做些什么来守护家乡河呢?

【学生活动】思考交流。

【教师总结】家乡的河流见证了家乡的变化,也见证了无数城市建设者为家乡所付出的智慧和辛勤劳动。我们要共同努力,让我们的家乡河更美、更清,让我们的浦江变成绿水环绕、鸟语花香的宜居城镇。

【设计意图】在感恩家乡建设者为家乡河付出的同时,引发学生思考自己该做些什么,如何为家乡的发展出一份力,从而进一步激发对家乡的热爱。

(案例作者:上海市闵行区浦江第三小学 吴岑)

百年沪闵路的前世今生

一、教育背景

上海市委书记、市委"四史"学习教育领导小组组长李强主持召开市委"四史"学习教育领导小组会议并指出,开展党史、新中国史、改革开放史、社会主义发展史学习教育,是市委贯彻落实习近平总书记重要讲话精神,建立健全"不忘初心、牢记使命"长效机制的重要部署。2020年4月,中共上海市委办公厅、市委组织部、市委宣传部等部门印发《关于广泛深入开展党史、新中国史、改革开放史、社会主义发展史学习教育的推进方案》,要求在大中小学开展"四史"学习教育,采取形式多样、学生喜闻乐见的学习形式,把鲜活丰富的"四史"内容融入各种活动,引导青少年扣好人生第一粒扣子。

根据我区提出的"启蒙、感知→接受、认同→信奉、实践"这一"价值取向"维度德育活动设计核心理念,初中段应重在让学生达成接受、认同的教育目标。而从学生身边感受最深切的事物出发,无疑更有利于增强初中生内心的接受度和认同度。学校地处沪闵路旁边,大家乘坐公交、地铁上下学,都经过沪闵路,旁边锦江乐园、南方商城都是平时经常光顾的地方,对这条路非常熟悉。沪闵路有百年发展历史,是闵行改革开放的一个缩影,是学习"四史"最好的资源之一。同时,一直以来,我们班级都以志愿者活动为特色。四年来,通过不同的志愿服务,同学们深入到社区、社会,这些活动如同打开了一扇窗口,透过窗口,他们参与社会、服务社会、改善社会、促进社会,自己也得到了很大收获。在即将毕业的阶段,召开"一条路的变迁"的主题班会活动,对于增强学生社会责任感和使命感非常有意义。可以进一步厚植对马克思主义的信仰、坚定对中国特色社会主义的信念、增强实现中华民族伟大复兴中国梦的信心,汲取开拓前进的强大勇气和力量,在人生的新征程上,展现责任担当,以实际行动践行学生使命,坚定奋斗信念。

二、教育目标

1. 通过"一条路的变迁"探索活动和学习《口述闵行改革开放(1978—2018)》,

了解闵行改革开放的历史。

2.学生通过对沪闵路的探究、展示和分享,对比沪闵路今昔变化,形成分析、思辨能力,增强责任感。

3.通过百年沪闵路的变化,了解闵行改革开放史,培养青少年爱家乡、爱国家、爱社会主义的思想情感和高尚品德。激发学生学习的积极性、主动性,树立为新世纪中国社会发展而奋斗的理想。

三、活动准备

1.“一条路的变迁”——百年沪闵路:组织学生小组进行实践活动,采访家人或者其他知情人,探访沪闵路发展历史,通过今昔对比,感受改革开放的成果。

2.邀请志愿者家长——公交司机讲述沪闵路的变化。

四、实施过程

(一)沪闵路的现在

【教师活动】展示照片:一张沪闵路繁华热闹的夜景图,让同学们猜猜这是哪条路?

【学生活动】学生通过观察,说出地名。

【教师活动】提问:你们在这条路上发生过什么故事吗?

【学生活动】学生回忆沪闵路上发生的故事,交流分享。

【教师总结】我们在沪闵路上乘车上下学,在沪闵路上做志愿者,在沪闵路旁边的南方商城看电影、购物、去锦江乐园玩,等等,可以说沪闵路热闹繁华而又出行便捷,是家门口最重要的一条路。那么大家真的了解这条路吗?它的前身是什么样子的呢?

【设计意图】以熟悉的场景激发大家兴趣,了解到沪闵路对于大家的重要性。同时为下文了解沪闵路的过去埋下伏笔。

(二)沪闵路的过去

1.学生眼中的沪闵路

【学生活动】探究小组展示照片,介绍沪闵路不同时期的照片,进行今昔对比;采访组播放采访录音、小视频等,知情者口述沪闵路的发展历史,让同学们感受沪闵路的今昔巨大变化。(1920年到今天的颛桥老沪闵路的纪念雕像、通车情况等)

【学生活动】学生对比今昔照片,聆听采访录音,思考交流今昔变化。

2.家长眼中的沪闵路

【家长代表活动】邀请一位从事公交司机工作的家长代表,通过其十多年来在沪闵路上开车的经历,讲述沪闵路的变迁:2010年世博会开始前沿路绿化带拆除,扩宽马路,两边居民楼粉刷墙面;中环虹梅路段立交桥通车;沪闵路之前的超长线路,为了响应政府的号召方便最后一公里出行,变成多个社区到地铁的短驳线路;车辆的车况越来越好,从柴油车到现在的电瓶车……天天都有变化。

【学生活动】学生聆听,和家长互动、思考。

3.教师眼中的沪闵路

【教师活动】讲述沪闵路高架通车那日居民围观的兴奋场面,通车之后开车上班的时间由1个小时缩短到20分钟,彻底缓解了路面交通拥堵的问题,交通事故随之减少。

【学生活动】学生聆听、思考:沪闵路翻天覆地的变化原因是什么?

【教师总结】从以上的照片、录音、讲述中,我们了解到了沪闵路的前世今生,感受到了沪闵路前世今生的巨大变化。这不正是中国改革开放给闵行、给梅陇带来的变化吗?百年沪闵路是闵行区历史发展的缩影,也是新中国发展历史的一个缩影。作为一名梅陇学子,我们亲眼看到了这种巨变,亲身感受到变化给我们带来的便利,是不是为家乡的变化倍感自豪?

【设计意图】从自己最熟悉的一条路的变迁中感受到闵行改革开放的成果,以小见大,切合实际,并采用多种方式:社会实践活动,采访活动、资料学习等深入了解沪闵路的变化,通过身边一条路的变化,激发学生爱家乡、爱祖国的热情,培养学生敢于担当的责任感。从而增强学生社会主义道路自信、理论自信、制度自信和文化自信。

(三)"沪闵路"的未来

【教师活动】提问:历史是辉煌的,发展是不停步的。作为一名梅陇的学子,即将进入高中,跨出人生的重要一步,承担起社会责任。那么我们想一想,自己能为沪闵路做些什么呢?或者说能为家乡未来的发展做些什么呢?下面请大家思考,为沪闵路的发展,为闵行的发展献计献策。

【学生活动】学生思考、交流、书写。

【教师总结】历史是最好的教科书,以史为镜,能增强中学生的国家自豪感和使命感。今天,我们写下了自己的建议和梦想,传承敢于担当、勇于创新、善于突破的责任意识和进取精神。中华民族的全面振兴需要我们去创造,祖国的发展、民族的强大,需要我们大家的努力。我相信:从今天开始,我们一定会牢记习总书记的寄语:敢于有梦、勇于追梦、勤于圆梦,立鸿鹄志、敢担当、善作为。努力地追梦奔跑,共创未来。

【设计意图】从一条路的变迁了解闵行开放的成果,把自豪内化为行动,书写自己的梦想,展望未来,用梦想引领自己的人生航向,扣好人生的第一粒扣子。在历史的引领下,参与到祖国的建设中去,为实现自己的梦想奠定基础。

(案例作者:上海市闵行区梅陇中学　陈丽华)

·高中案例

旧邦新造(1978—2020年):从"烂泥渡"到"进博会"

一、教育背景

2020年,"四史"教育掀起新一轮的全民学习热潮。习近平总书记指出:"只有加强理论学习,不忘初心才能更加自觉,担当使命才能更加坚定,理论学习必须和学习党史、新中国史、改革开放史、社会主义发展史结合起来。"2020年4月,上海市印发《关于广泛深入开展党史、新中国史、改革开放史、社会主义发展史学习教育的推进方案》,要求在大中小学开展"四史"教育,采取形式多样、学生喜闻乐见的学习方式,把鲜活丰富的"四史"内容融入学校教育中,增强"四个自信",引导青少年扣好人生第一粒扣子。

回顾改革开放史,既是对当今"贸易壁垒"层出和"逆全球化"思潮的回应,也体现了中国特色社会主义自我更新、自我完善的过程。历者,过也;史者,记事也。"四史"教育是以史明志、以史为鉴、以史为师,用历史精神来感召人、陶冶人、教育人。让青少年从"四史"教育中,更好地感悟信仰之力、理想之光、使命之艰、担当之要,厚植马克思主义信仰,坚定"四个自信",薪火相传,牢记使命在肩,为中华民族的伟大复兴贡献力量!

本案例中班级为高三年级的历史班,对于"四史"教育的学习,具有年段和学科上的优势,历史班的同学们掌握一定的历史知识,能够在课内知识的基础上,做相应的拓展和提升。但劣势也同样存在,面对高考的压力,同学们功利化的学习倾向明显,更多聚焦于考点范围内的知识点的识记,对于"四史"中不考的内容,则完全忽视,所学知识更多的是孤立的"点",并未形成一条"线"。

另外,班级中的同学们都是"00"后,又成长于21世纪的上海,没有经历过战争和贫苦,也没有体验过国家从"站起来"到"富起来"的巨大变化,对于先辈们在革命和建设时期的巨大贡献,缺乏情感上的认同和感知。根据我区提出的"启蒙、感知→接受、认同→信奉、实践"这一"价值取向"维度德育活动设计核心理念,高中段应努力让学生自觉地信奉和实践习近平新时代中国特色社会主义思想、理想信念和社会主义核心价值观。因此,本节班会活动课以"大开发""大开放"串联起改革开放的主线,通过对"浦东开发30周年"和"身边的进博会"等热点的学习,沟通历史和现实的联系,感悟历史,感知现实,树立信念;也通过探究活动、志愿者活动等,践行理想信念。

二、教育目标

1. 了解改革开放历程中的重大史实:经济特区、浦东开发、进博会等内容。

2. 理解党和国家领导人依照国情所作出的重大决策及其重要作用。

3. 通过小组合作交流,增强分析问题的能力,感知时代的发展和变迁。

4. 感悟中国特色社会主义道路的正确性,增强家国情怀,树立远大理想。

三、活动准备

1. 教师阅读《习仲勋主政广东》《邓小平时代》《中国经验:改革开放30年高层决策回忆》等书籍,选取切入点,摘录史料,搭建课堂脉络。

2. 学生以小组为单位,搜集浦东开发30年的变化资料(从行政区划、产业结构、社会面貌、百姓生活、交通工具、基础设施、教育医疗等方面),制作幻灯片或视频。

3. 邀请进博会学生志愿者代表,通过图片或视频,分享讲述学生志愿者眼中的进博会。

四、实施过程

（一）1990 年浦东：大开发

1. 1990 年春节，邓小平就曾经说过："上海是我们的一张王牌。"在浦东开发之初，邓小平又要求："抓紧浦东的开发，不要动摇。"20 世纪 90 年代，浦东开发走上快车道，而浦东新区，也成为中国第一个国家级新区。对外开放，迈入由窗口式的"经济特区"到门户式的"国家级新区"的时代。

【教师过渡】浦东开发 30 余年以来，你能感受到浦东的哪些发展变化？

【设计意图】选取"浦东开发"的事例，贴近学生的生活，让学生能够切身感受到改革开放对他们生活的影响。同时，也展现出党和国家对改革开放事业持之以恒的坚持与推动，理解美好生活的由来。

2. 学生展示：课前分成 7 个小组，让大家搜集整理浦东开发 30 余年以来某一个方面的社会变迁，各组可以呈现图片、视频、文字和幻灯片等资料，每组用 3 分钟的时间，展示各自发现的成果（行政区划、产业结构、社会面貌、百姓生活、交通工具、基础设施、教育医疗等方面）。

【设计意图】以学生的视角来观察，寓教育于生活，既能增强他们思考问题、分析问题和解决问题的能力，也能让他们从宏观或微观的角度，观察并思考社会的变迁，感悟浦东的发展，体会国家的富强，增强对国家的认同感和自豪感。

3. 教师总结展示的成果，同时播放上海摄影师姚建良拍摄的浦东开发 30 年的图片影像，展现陆家嘴由"烂泥渡"到"国际金融中心"的影像变迁。

【教师过渡】出示国家会展中心的图片，并向学生提问：这个四叶草造型的场馆是什么？从 2018 年到今年举办了什么重要的活动？

【学生活动】学校的进博会志愿者代表讲述他们眼中的进博会，提供了解进博会的另一个侧面。

【设计意图】学校具有地缘优势，和国家会展中心比邻而居，承接了部分进博会的餐饮功能和对外接待参观职能，邀请学校进博会志愿者，讲述学生志愿者眼中的进博会，贴近学生的生活，更容易让同学们理解改革开放事业。

（二）2020 年中国：大开放

1. 2018 年 11 月 5 日，上海国家会展中心，中国国际进口博览会开幕。国家主席习近平在开幕式上发表主旨演讲指出,改革开放 40 年之际,中国举办世界上第一个以进口为主题的博览会,是推动新一轮高水平对外开放的重大决策。同时,教师补充介绍中国的进出口贸易总额和进博会的相关资料。

【**教师设问**】结合之前讲述的内容和补充的资料,你如何理解习近平主席所说的进博会是"新一轮高水平的对外开放"?

【**学生活动**】思考改革开放的延续性,理解由"大逃港"到"大开发",再到如今"大开放"的历程,讲述他们所理解的改革开放事业。

【**设计意图**】通过学习习近平主席讲话和补充的相关资料,希望学生能够理解进博会的召开不是国家的"临时起意",让学生真正理解进博会是对之前对外开放格局的升华和提升,是国家既定的基本国策。

2. 引用进博会的成果数据:短短五天的进博会,共有 172 个国家、地区和国际组织参会,3 600 多家企业参展,展览总面积达 30 万平方米,超过 40 万名境内外采购商到会洽谈采购,累计意向成交 578.3 亿美元。同时,引用国外媒体(比如《费加罗报》等)对进博会的高度评价。

【**教师过渡**】结合了解到的进博会成果和外国媒体的报道,你如何看待改革开放事业?

【**学生活动**】"新时代、新使命、我担当"

结合本节课的主题,以一名高三学子的身份,直面高考与大学,谈谈个人发展与时代使命的关系,思考如何将自己的志向和时代的发展结合起来。

课上选取几名同学谈谈感想,课下同学们可制作"志向卡",张贴于班级的"我的未来"板报栏目中。

【**设计意图**】知识的学习关键在于内在理解与体悟。通过改革开放这条主线的梳理,真正理解中国打破贸易壁垒,融入全球化,坚定对外开放的决心。也让学生感受中国的责任与担当,坚定对中国特色社会主义道路的自信。

(三)课堂总结:再启征程

改革开放 40 多年,由"大开发"到现在的"大开放",筚路蓝缕,成就非凡,再启征程。中国的国内生产总值由 1978 年的 3645 亿元增长到 2019 年的近 100 万亿元,41 年,增长了 200 多倍,中国的经济总量也位居世界第二位,人民生活的获得感和幸福感持续提升！未来，坚定改革开放的决心，在中国特色社会主义的道路上持续前行，必将迎来中华民族的伟大复兴！

五、板书设计

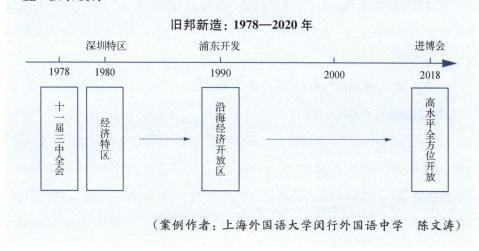

旧邦新造：1978—2020 年

（案例作者：上海外国语大学闵行外国语中学　陈文涛）

二、"心理健康"维度活动的学段衔接探索

（一）设计要义

中小学德育一体化视域下如何设计"心理健康"维度活动？

中小学生正处在身心发展的重要时期，随着生理、心理的发育和发展、社会阅历的扩展及思维方式的变化，特别是面对竞争的压力，他们在学习、生活、自我意识、情绪调适、人际交往等方面，会遇到各种各样的心理困扰或问题。坚持立德树人、育人为本，注重学生心理和谐健康，加强人文关怀和心理疏导，根据中小学生生理、心理发展特点和规律，把握不同年龄阶段学生的心理发展任务，运用心理健康教育的知识理论和方法技能，培养中小学生良好的心理素质，促进其身心全面和谐发展，是学生身心健康成长的需要，是全面推进素质教育的必然要求。

中小学心理健康教育主要通过课程、活动、辅导等多途径进行。以德育活动为载体进行的心理健康教育，与心理健康教育课堂教学、个案咨询、团体辅导等协同互补，是中小学校开展心理健康教育的必要和重要组成。以德育活动为载体进行的心理健康教育，立足教育和发展，面向全体学生，以学生为主体，致力于通过活动途径培养学生积极心理品质,挖掘他们的心理潜能,引导学生积极主动关注自身心理健康,培养学生维护自身心理健康的自主意识和能力。

1. 中小学"心理健康"维度活动总体目标

引导学生能正确认识自己,具有稳定的情绪、积极的学习心理,发展良好的社会适应能力和人际关系,能有效地发挥自己的身心潜力,以及作为社会一员的积极的社会功能。

2. 中小学"心理健康"维度活动内容体系

(1) 主要内容模块

依据教育部《中小学心理健康教育指导纲要(2012 年修订)》等相关政策要求,同时基于区域实情,确定了"心理健康"维度活动的内容模块,以及各模块的教育内涵:

自我认识。即个体对其存在状态的认知和评价,包括对自己的生理状态、心理状态、人际关系,以及社会角色等各方面的认知和评价。

学习心理。指个体对学业活动的认识、动机、兴趣,在学习过程中呈现出的学习方法、学习能力,以及由学习过程产生的情绪、态度等。

人际交往。指个体与人交往、与他人建立联系的互动过程,以及过程中的认知、态度、能力、情感等。

情绪调适。即个体有意识、有目的地对情绪的内在过程和外部表达施加影响,使情绪情感更为积极正向的过程。

生活适应。即个体在面对发生变化的新环境时,作出积极主动的调整,以适应当前的身心特点、家庭生活、学习生活的发展需要,以达到平衡、和谐的发展状态的过程。

(2) "模块—学段"内容体系

表 4.4 "心理健康"维度活动"模块—学段"内容体系

主要模块	学 段 内 容
自我认识	**小学**:正确认识自己的优缺点和兴趣爱好,在各种活动中悦纳自己。
	初中:加强自我认识,客观地评价自己,认识青春期的生理、心理特征。
	高中:充分了解自己的兴趣、能力、性格、特长,树立人生理想和信念,形成正确的世界观、人生观和价值观。

主要模块	学 段 内 容
学习心理	**小学**：感受学习知识的乐趣；调整学习心态，正确对待成绩；正确处理学习与兴趣、娱乐之间的矛盾。
	初中：培养正确的学习观念，发展学习能力，改善学习方法，提高学习效率，正确处理厌学心理。
	高中：掌握学习策略，开发学习潜能，提高学习效率，积极应对考试压力，克服考试焦虑。
人际交往	**小学**：树立集体意识，善于与同学、老师交往，培养自主参与各种活动的能力。
	初中：积极与老师及父母进行沟通，把握与异性交往的尺度，建立良好的人际关系。
	高中：正确认识自己的人际关系状况，培养人际沟通能力，正确对待和异性同伴的交往。
情绪调适	**小学**：感受解决困难的快乐，学会恰当地、正确地体验情绪和表达情绪。
	初中：进行积极的情绪体验与表达，并对自己的情绪进行有效管理，抑制冲动行为。
	高中：更客观全面地认识、理解、接纳、管理情绪，进一步提高承受失败和应对挫折的意志品质。
生活适应	**小学**：学习适应学校环境、班级生活以及各阶段的学习任务，培养分析问题和解决问题的能力。
	初中：逐步适应本阶段生活、学习的各种变化，着重培养自己的应变、调整能力。
	高中：事先了解本阶段生活、学习的各种变化，做好应对计划和调整准备，正确处理社会变化对自己的影响，不断增强自己的应变、调整能力。

3. 中小学"心理健康"维度活动核心理念与方法要点

在活动层面，通过前期的调研发现，由于心理健康教育有自身的专业特点，因此，在小学、初中、高中用于开展心理健康教育的活动样式主要集中在心理专题活动、校园心理情景剧活动、主题班会活动、学生社团活动、专题讲座、探究活动、职业体验等类型。

基于对中小学生常见心理困惑和心理发展需求的分析，我们认为，在中小学德育一体化视域下，小学、初中、高中"心理健康"维度活动应遵循**"立足发展性、预防性的教育定位，以培育学生积极心理为导向，关注并回应不同阶段学生常见心理困惑**

和心理成长需求"的核心理念,并据此确立各学段活动的方法要点,具体请见表 4.5。

学段	常见心理困惑和心理发展需求	活动方法要点
小学	**一年级**:幼升小的心理适应;成为小学生的自豪感;写字、跳绳、背诵等具体教学任务带来的压力和困惑;上课或作业总走神等学习习惯不好和能力不足带来的困惑;面对家长和老师的批评;与同学间的冲突;树立快速增强生活自理能力的意识;早晨不想起床、不喜欢吃学校的饭等生活小事带来的困惑。	活动内容方面应注重学生阳光心理的培育和伙伴中的人际和谐,对一年级、五年级可着重开展升学衔接期心理健康教育。 活动方式上可综合多学科资源,增强趣味性,创造多元的体验方式,给学生心灵以多方面的影响;还应启发学生采用丰富、多样的表达方式来进行心理体验的表达。
	二年级:是否成为班干部的喜与悲;如何面对同学间的竞争和比较;如何更好地与同学合作;男孩和女孩的区别及交往规则;如何看待"说谎";应对家长和老师的批评。	
	三年级:应对学习难度的突然增大;如何增强对学习的责任感;如何提高学习效率;某方面强烈的挫败感;如何看待"两面派";考试成绩不好;被同学欺负。	
	四年级:努力了成绩不理想;如何保持学习的积极性;被同学孤立;被同学嘲笑;面对青春期早发育;特别生气怎么办。	
	五年级:择校带来的焦虑;面对与老师同学的分离;对初中生活的心理准备;如何看待自己的不足;和别人意见不一致怎么办;如何对待电子产品。	
初中	**六年级**:小升初的心理适应;理解学习的意义;合理安排做作业的时间;老朋友和新朋友;什么是真正的友谊;面对性格不同的老师;青春期生理发育带来的困扰。	活动内容上要更多聚焦心理困惑,重点关注青春期情绪调节、冲动行为控制,关注学业、升学压力,以及由此引发的亲子关系紧张等一系列困扰。 活动方式上要注重创设更为宽松、平等的活动氛围,降低学生心理防御;要注重朋辈教育,尊重学生独立愿望;教师对待学生应在亲切、平等的同时,又注重提供专业的心理指导,以提升学生对老师的专业信服度。
	七年级:应对学习中遇到的瓶颈;理解考试的意义;如何看待胖瘦高矮等外貌特点;应对家长的唠叨;与异性同学交往;合理安排上网时间;如何看待和处理自己与家人之间的矛盾。	
	八年级:应对学业上的厌倦或无力感;对"爱情"的理解;特别不喜欢某个老师怎么办;对"自由"的理解;什么是真正的长大;克服冲动甚至自伤行为;如何看待"中二现象";不喜欢自己怎么办。	
	九年级:面对中考的压力;面对无限的作业;面对选择的迷茫;学习成绩不理想或波动大;应对父母的否定或者高期望;如何提高睡眠的质量。	

66

学段	常见心理困惑和心理发展需求	活动方法要点
高中	**高一年级**：初中升高中的心理适应；学习难度增大；如何面对强手如林；同学间想法各异互不接受；如何与同宿舍同学和谐相处；如何面对选科的困惑。	活动内容上要关注学业、升学压力，两性交往等人际关系，以及由此引发的一系列困扰。 活动方式应偏向对话型、探究型，可采用校园心理情景剧等有利于学生进行表达、反思和借鉴的形式；还应多提供一些可自主探索的心理方面的资源、信息，促进自主学习、感受、成长。活动还应关注高中生身边同龄榜样的教育意义。
	高二年级：合格考和等级考的压力；各学科间精力分配与时间管理；网络成瘾的预防和干预；异性间的情感困扰；如何与父母沟通。	
	高三年级：因为学业而引起的自卑或焦躁情绪；如何面对成绩的大起大落或者毫无起色甚至退步；如何面对老师和家长的高期望；选择什么样的大学或者专业。	

4.中小学"心理健康"维度活动实施要点

(1) 防止活动内涵泛化

心理健康教育活动在学生引导、活动推进、学生评价等方面都有更加专业的要求。因此，活动前，学校专职心理教师或其他专业人士应就相关问题对活动所涉及的教师进行培训，使得活动能为学生切实提供心理成长方面的助力，确保活动的心理健康教育属性。

(2) 防止活动的知识传授型倾向

活动可以采取多种形式，包括团体辅导、心理训练、问题辨析、情境设计、角色扮演、游戏辅导、心理情景剧、专题讲座等，但要防止活动的知识传授型和学科化的倾向，避免将其作为心理学知识的传授和心理学理论的教育。

(3) 防止活动评价表面化

评价中活动的表面效果可以不必看重，重在关注学生在活动过程中流露的甚至隐藏的情感体验和真实想法，激发学生真实地关照自己的内心。

(4) 活动后续应有跟进

针对活动中发现的一些值得关注的学生心理问题或现象，学校后续应通过心理健康教育活动课、个别咨询或团体辅导等方式进一步予以跟进和解决。

（二）小初高衔接实践——以"同伴交往"主题校园心理情景剧活动为例

近年来，中小学生对发展性、预防性的心理辅导的需求在增多，在此背景下校园心理情景剧逐渐成为了教育者使用较多、中小学生喜闻乐见的心理健康教育活动形式。优秀的校园心理情景剧不仅能回应学生成长过程中的心理困惑和问题，为学生带来益处的同时，其良好的宣教作用也有利于促进教育者、家庭和全社会对于中小学生心理健康的关心和关爱。

在中小学德育一体化视域下，本书作者所在区域围绕学生心理发展重要内容模块，在小学、初中、高中开展了校园心理情景剧的衔接实践探索。下面呈现的三个校园心理情景剧案例围绕"人际交往"模块展开，各自反映了相应学段学生在同伴交往过程中的常见问题或困惑及解决的方法。值得注意的是，除了提供三个心理情景剧的脚本文稿、情景剧视频链接，我们还设计了"使用说明"版块，对每一部剧的适用领域、适用人群、剧中心理剧技术的使用、切片式播放时如何进行提问引导等方面都进行了详细指导，以方便教育者比较容易又不失专业性地使用心理情景剧资源。同时，通过对小初高三个学段案例的整体阅读、研究，能更好地帮助教育者以动态发展、终身成长的眼光来看待学生的心理成长，进而改进相关的教育设计，更好地实现中小学德育一体化的初衷。

· 小学案例

他不知道我难过

一、核心词

自我理解、情绪、同伴关系、共情

二、创作意图

小学高年级时，同伴关系和友谊成为影响学生成长的重要因素，此时班内往往会出现较为稳定的小团体。在小团体中，往往有一名在班中出挑的学生作为核心。这类学生有较强的道德观，当小团体和其他同学发生冲突时，往往起到和事佬的作用。但当处理不好同伴间关系时,长期养成的责任心会使得他(她)有负罪感,从而引发自身一系列不好的情绪。同时,由于这类学生独立意识较强,他们虽然内心渴望与人沟通、交流,渴望被理解,但当心理压力较大时,面对小团体同伴的"马首是瞻",他们却无法袒露自己内心的脆弱。在家长和老师面前,他们也只是短短几句话描述,让家长和老师很难去深入走进他们内心。又或者老师和家长一直认为出挑的学生能处理好一切事情,导致这类学生的压力和负面情绪长期积压在心底。

我区"心理健康"维度活动设计要义指出,小学、初中、高中"心理健康"维度活动应遵循"立足发展性、预防性的教育定位,以培育学生积极心理为导向,关注并回应不同阶段学生常见心理困惑和心理成长需求"的核心理念。在此理念指导下,本剧旨在关注上述所讲的小学生小团体所引发的学生人际交往困惑,通过本剧,希望让学生知道小团体成员对非小团体成员要有正确的、合适的言行举止,不然有可能会伤害到他人;希望让老师和家长也意识到,要及时关注、关心"优等生"的困惑,帮助他们排解负面情绪,引导他们更好地了解自己,成为更好的自己。

三、剧情简介

景景是班级里的大队委员,也是一个善良热心的孩子。上到老师布置的任务,下到同学之间的小摩擦,他都想要去解决。一次课间,他和好朋友们去操场踢球,两个好朋友因为手球的缘故起了矛盾,景景认为自己没有很好地解决好朋友之间的矛盾,心里很自责。他和妈妈一起讨论这个问题时,妈妈相信他是一个有能力的孩子,所以并没有帮忙,他只能把无助放在心底。一次,景景和朋友们一起嘲笑了班里的同学楠楠,楠楠面对他们的嘲笑却不知如何反驳,楠楠的难过让景景的内心有了触动,他们两个互说心事。恰巧他们的对话被偷偷跟在后面的好朋友们听到了,因此相互间的矛盾得到了化解,景景心里许久不解的心结也解开了。

四、剧本台词

第一幕:这让人欢喜,让人恼的责任

人物:景景、小东、豪豪、朋朋、友友

场景一:课间休息的教室

69

景景(站舞台中央)：我叫景景，我是我们班的大队委员。在学校里，我周围总能围着很多人，有人问我这题怎么做？有人喊我，谁和谁有矛盾了，你去看看怎么回事！有人说，某某老师找你，你快去吧！瞧，他们来了！

小东跑到景景旁边，拉着景景的手：景景！景景！快来教教我这道题目，快！

景景指着这道题：这道题，应该是……

豪豪跑到景景旁边，拉着景景的另一只手：景景！景景！崔老师让你去打扫音乐教室，快点。

景景对豪豪说：哦，知道了！

朋朋跑到景景前面：景景！景景！何老师让你去交调查问卷，你赶紧去吧！

除景景外全体雕塑状，景景：唉，你们看，我平时就是这么忙。可是，身为大队委员，我觉得这是我应该做的。虽然忙，但是我觉得大家需要我，我很快乐！

【独白技术：此时的景景虽然忙碌，但是他感受着被大家需要的快乐，大队委员的职责感油然而生，他觉得很快乐。】

小东：是我先来的，应该先让景景来教我。

豪豪、朋朋、小东同时把景景往左、右、前方拽，三人一起说：跟我走，跟我走！

除景景外全体雕塑状，景景：天呐，谁能告诉我，这时候我该怎么办！大家的忙我都很想帮，可是我只有一个人，一双手，我有时候也做不了那么多事情，谁来听听我内心真正的想法？

【独白技术：大队委员这个职责让景景想去帮助很多人，但他发现自己分身乏术，他选择不去表达自己内心的情绪，让自己很为难。】

友友上前，拉开抓着景景的三双手，友友：哎呀，大家都别吵了，有事情比下课休息更重要吗？听我的听我的，该上课时就上课，该休息时就休息，要懂得劳逸结合呀兄弟们！我们先去踢足球，让自己的大脑放松一下吧！走！

众：好吧！

小东、豪豪、朋朋、友友四人先行往台下走，景景留在舞台中央：嗯，适当地转移注意力，也是一个不让自己头疼的好方法，让我也喘口气，大脑轻松一下！痛痛快快踢一场球！

场景二：课间的操场

五人围成一个圈，互相用脚传递足球。

友友边踢边说：景景，你周六周日还去学围棋吗？

景景边踢边说：当然啦。

友友无奈：唉，你可真是太忙了！

景景乐观地说：其实还好，习惯就好。

友友：如果是我，早就忍受不了了，你竟然能坚持下来！我佩服你！

小东不满地说：你俩能等会儿再聊天吗？到底是来踢球还是来聊天的啊！

景景、友友：好好好，不说了，先踢球。

景景：其实有时候，我也会觉得累，我也想休息看电视。但是看着妈妈对我殷切的目光，想到马上就要到来的初中生活，我相信坚持总会成功的！

此时，足球打到了朋朋的手上，朋朋拾起球。

豪豪立马喊：停！朋朋，你手球了！

朋朋不屑地回答：有没有手球我自己还不知道吗？（朋朋踢掉足球，上前推豪豪一把）

豪豪大声说：你干嘛推我！你刚刚明明手球了，我看到了！（豪豪推回去）

朋朋和豪豪吵了起来：我说了没有，就是没有。

豪豪回答：你瞎说，我明明看到了！

朋朋：还有谁看到了吗?！就你一个人在乱吼乱叫！

豪豪指着朋朋：你……（小东上前拉朋朋，友友上前拉豪豪）

景景站四人中间：哎呀，别吵了。虽然大家都没有看到，就豪豪一个人看到了。豪豪，你和朋朋也别激动，不就是罚点球吗？踢一下，不会伤感情的！来！罚球！大家都大度一点！

豪豪：好吧，看在景景的面子上，我就不和你斤斤计较了。

（豪豪转身准备回到自己的位置，朋朋突然上前踢他，豪豪摔倒）

豪豪：啊！（豪豪痛苦地大叫一声）

小东：豪豪！你没事吧。（上前扶起豪豪）

豪豪：你干嘛踢我！

朋朋凶狠地说：我没有踢你。你那是装的。

友友大声说：我都看到了！你为什么要踢他？你还要骗人！

朋朋：我……我没有那么用力踢，他是装痛的！

景景：朋朋，你踢人就不对了，本来就没多大的事情，何必要弄得不开心呢？

友友：就是！踢了还不承认！胆小！

朋朋：我没踢，我只是想绊一下，谁知道他会倒在地上，我觉得他是在装样！

友友：踢了人还找借口，更加不对！

景景：是啊，朋朋，道个歉就好了！都是好朋友，我们都在一起玩了五年了！而且豪豪你也是，你有时候自己手球，我们也都没指出来说过，这么较真做什么。

朋朋：你们为什么不相信我说的话？我说了我没有手球，我说了我只是想绊一下，我并没有想他真的受伤！为什么你们要联合起来一起说我！我这样也很难过！（朋朋转身跑回教学楼）

景景对着朋朋跑下去的方向说：哎，朋朋你别走呀！

小东扶起豪豪，友友紧跟其后，小东：走，我们带你去医务室。

景景站舞台中央，对豪豪三人下场的方向说：诶，你们也等等啊！我只是想表达：和小伙伴的友谊相比，手球不是什么大事情。接受道歉很难吗？

小东大声说：踢足球我们很认真！

景景自责地说：唉，怎么会闹成这样，以前踢球时也不这样啊？是因为我没有调解好他们的矛盾吗？大家的心真的很难懂啊！看到好朋友们这样，我也很伤心。

第二幕：这件事，自己解决！

场景三：放学回家

人物：景景、妈妈、弟弟

景景背着书包开门进家，进门后自言自语：今天中午这件事情，我真是想来想去想不明白。在学校里我可以帮同学们、帮老师解决事情，但是怎么这次帮好朋友们调解矛盾就失败了呢？看着几个人相互不理彼此，心里真是不好受。不如，问问妈妈，他们是怎么想的？我可以怎么帮助他们恢复关系吧！

【独白技术：主人公因为责任，比较自责，在自己没有解决的方法时，想到了求助父母。想通过与母亲的聊天来解决问题。】

妈妈在餐桌处说：景景，来吃饭了。

景景书包一放，急切地想跟妈妈诉说：来了。妈妈，我想跟你说，今天我们在踢足球的时候发生了一件事情……

弟弟坐在妈妈旁边，拽着妈妈的手说：妈妈，我想要你喂我吃饭。

妈妈马上掉转头对弟弟说：哎哟，你之前吃饭不是吃得很好吗，只有这一次哦，坚决没有下一次了！

弟弟：好！

景景还想跟妈妈交谈今天的事，说：我们踢足球的时候，有两个同学发生矛盾了……

（此时，弟弟吃饭时看看妈妈，看看景景，玩玩筷子，玩玩碗。）

妈妈发现弟弟不专心，立刻对弟弟说：小宝，你要认真吃饭，你看哥哥，从来不用妈妈操心，学习又好，是大队委员，还会下围棋。你看看你呢！吃饭还要妈妈喂，样样事情要我操心，你怎么不向你哥哥学习学习呢？

妈妈转头对景景说：哥哥，你想说什么？你说吧，妈妈听着！

景景无奈地说：没什么了……我觉得……我应该可以自己解决。

妈妈立马放心地说：行！你能自己解决的话，就自己解决！如果有困难，就和妈妈说。不过，妈妈相信你能处理好事情的。小宝！不能喂你吃了，你要自己吃！吃完了还要你自己收拾玩具，你看看吃饭之前玩具都没有收拾好。（妈妈带着弟弟下场）

景景自言自语：爸爸妈妈平时上班已经很忙了，还要照顾弟弟。他们平时这么信任我，这些小事就不要麻烦他们了吧！今天踢足球时发生的事，真的是因为我没调解好他们之间的矛盾吗？你们知道吗？现在的我好像真的不会处理，也不知道怎么去处理，想让他们依旧和以前一样还是好朋友。

小恶魔：对啊！当然是你没协调解决好。如果你能协调解决好，他们又怎么会发生那么大的矛盾呢？如果你有足够的能力，怎么还会让好朋友吵架呢？如果你有足够的威信，他们还会去追究到底有没有手球？

【替身技术：此时景景的内心有一个否定自己能力的想法渐渐萌发出来，让他逐渐地觉得不快乐，只是此时的他并没有意识到这样的想法会让他内心觉得更加不愉快。】

景景一个人慢慢蹲在地上，抱住膝盖，埋下头，开始思考。

第三幕：分享内心，共同成长

场景四：下课十分钟的教室

人物：景景、小东、友友、朋朋、豪豪、楠楠

（豪豪、友友、景景写作业，友友边写作业边用铅笔敲敲自己脑袋）

友友：哎呀，景景，我觉得昨天踢球大家闹得不开心，大家好像不高兴去踢球了。但是呀……不要紧！今天我们可以在教室里休息！来，剪刀石头布，谁输了谁组织大家踢球！

景景：好主意！来。

（景景和友友两个人玩起了石头剪刀布）

（小东正在无聊地翻看语文书，朋朋正在写作业。突然小东翻到一页……小东马上摇摇朋朋的肩膀）

小东高兴地说：诶诶诶，朋朋！你快看！语文书上的这个人像不像楠楠！

（朋朋放下手中的笔，拿过语文书，看了一会儿）

朋朋也乐了，说：嘿！你别说！仔细一看还真像！哈哈哈！

（小东向隔壁桌的景景和友友挥了挥手）

小东：景景！友友！你们别玩剪刀石头布了！你们快来看！语文书上的这个人好像楠楠！

友友好奇地说：什么？快让我看看！

（朋朋把书递给景景，景景接过语文书，放在自己这儿）

豪豪跑过去，凑近了想看，说：你们在看什么呢？我也要看！

（四个人围在一起，指着书小声说话，然后偷笑）

景景觉得这样不好，所以对大家说：我们不应该这么嘲笑同学。

（景景把书推走）

友友对着景景说：只要他不知道，我们就可以！你看呀！他的眼睛好像啊！

豪豪指着书：他的鼻子也好像啊！

朋朋指着书：他的身高更像！简直是楠楠在书里一样！

（四个人同时大笑，除景景）

（楠楠在他们笑时，走上来）

楠楠生气地说：你们以为我没有听到吗？你们为什么要这么嘲笑我？

（楠楠用手来回指五个人）

景景立马解释道：楠楠，你先不要这么激动嘛，我们没有嘲笑你的意思。

楠楠仍旧很生气地说：这都不是嘲笑，那还有什么是嘲笑！

景景像要粉饰太平：这……你先不要生气嘛！来，我给你讲个笑话吧！

（景景边说边走过去拍拍他，安慰他）

（楠楠推开景景的手）

（朋朋站起来）

朋朋解释道：楠楠，景景都和你说了，我们的本意并没有嘲笑你，只是觉得书上的图像你罢了！

其他人附和：对啊对啊！我们又没有别的意思咯！

楠楠气呼呼地说：你们这么多人都是一伙的，这么多张嘴巴，我说不过你们，你们就是嘲笑我！我要去告老师！

朋朋也生气了，说：哼，告老师，告老师，你就知道告老师！

（楠楠、朋朋分别往两个方向走）

（景景一人在中间，这边看看，那边看看）

景景对着他们两人下场的方向，左看看，右看看，说：先别急着告诉老师，我们先自己解决一下可以吗？你们都别走！回来！先听我说！

（楠楠、朋朋停住脚步，转头）

景景：我们都是一个班的同学，而且都在一起相处了五年，有什么事情不能好好说吗？

（楠楠、朋朋同时指着对方说）

楠楠：是你们不承认！

朋朋：是你要告老师！

（两人同时转头继续下场）

景景：哎，楠楠，你等一下，我和你说！

（景景追着楠楠跑出去）

友友：我们也去听听他们说什么吧！

（友友带着小东、豪豪、朋朋偷偷跟在景景后面）

场景五：教室外一角

（楠楠和景景坐在长椅上，友友四人在角落躲着，四人悄悄地商量着）

友友：我们悄悄地走到他们的身后去听，不要发出声音。嘘！（四人慢慢走到长椅后面躲着）

楠楠大声地对景景说：你又没有经历过，你怎么知道我的感受！我有多难过你知道吗？你们每次偷偷笑我，以为我不知道吗？我回去告诉我妈妈以后，她什么也不说，只是告诉我不要伤心。

景景很悲伤地说：你怎么知道我不知道你的难过！我幼儿园的时候也被嘲笑过，那天我尿裤子了，全班同学都在笑我，我觉得好难过。我妈妈跟我说你自己要看开点，不要太当真了，这个坎相信你自己能迈过去的。但是我仍旧觉得很难过，连着好几天都没去幼儿园。

楠楠仍旧生气地说：你既然也被嘲笑过，那你应该知道被嘲笑的滋味是很难受的，可是你为什么还要跟别人一起嘲笑我呢？

景景反省道：我不应该嘲笑你，我们都不应该嘲笑你，对不起。我也劝过他们不要这样做，但是他们没在意，我也就跟着他们一起这么做了。其实你知道我有多难过吗？我没能阻止他们嘲笑你，就像那次踢足球时一样的，如果我能协调解决好豪豪和朋朋的冲突，也许就不会造成大家不理彼此的局面了。

楠楠感受到了景景的难过，说：没想到作为大队委员的你也会有这么多不开心、解决不了的事情。

景景低声说：是啊！不开心吗？解决不了吗？

（除景景外全体雕塑状，小恶魔上台）

小恶魔在景景耳边说：呵！什么不开心、什么解决不了，明明就是你的错，你的责任，你就是要去解决！

【束绳技术：此处开始景景被绳索困住，绳索一头被小恶魔拿在手里，景景将要被小恶魔往一边拖下舞台。意味着此时的景景已经被自己的想法困住。】

朋朋跑上台，拿起另一头绳索，把景景往回拽：景景，你怎么会这么想呢？这件事不是你的错！都是因为我啊，要不是我非不承认自己手球了，这件事也不会发生！

豪豪也上台，在朋朋后面拿起同一根绳索，也把景景往回拽：这也怪我，这事一个巴掌也拍不响，要是我不这么冲动，非跟朋朋争，这架也吵不起来，更不会动手。

小恶魔使劲把景景继续往前拽，说：不！这就是你的错！要是你作为大队委员的威严足够，朋朋哪会当着你的面都不承认自己手球！

景景听了，对豪豪和朋朋说：是因为我明明是一个大队委员，却没有足够的威信，你们都不听我的。

小东也上台，跟着豪豪和朋朋一起拽景景：不，不是的！你作为大队委员已经做得很好了，其实我们都很佩服你，你身兼那么多事，每天这么忙，还能做得那么好，已经很不容易了。

友友最后上台，跟着其他三人一起拽景景：对呀，对呀。之前豪豪不也说，是因为你的劝架，他才不继续争吵的。这样还不算威信吗？

小恶魔使劲把景景继续往前拽，说：哼，豪豪是算了，朋朋可没有。不然他怎么一回头又去踢豪豪了，后来还在景景你劝架的时候推你。就是因为你做得不够好，没有威信，不得人心！

景景对四个同伴说：那朋朋为什么后来又去推了豪豪呢？是觉得我做得不够好，不服我吧！

朋朋开始反思自己：我就是有点冲动，有点小脾气，我的性格就是这样的，不怪你。再说了，你是大队委员没错，但你也是我的朋友。工作上，我是服你的，你很认真。但玩的时候还讲什么威信不威信的，打个球还顾及那么多干嘛呢？如果你觉得不开心，就和我们说，我们听着呢！你不说，我不说，谁知道彼此是怎么想的呢？对吗？

友友说出自己的心里话：就是，就是。再说我们吵架的时候，也不是故意推你的，是不小心的。如果非说你有什么错的话，就是你把什么都憋在心里。有什么事说出来不好吗？你还把我们当朋友吗？为什么什么事都自己扛，自己解决？你敞开心扉和我们说，我们会认真听。

小恶魔受到了打击，说：不对，不对！你们！

景景对小恶魔说：不对的是你！踢足球的事件也好、嘲笑楠楠的事件也好，并不仅仅是我的责任，我不应该觉得全是自己的过错，而揽在自己身上。也不应该把什么事都憋在心里，默默难过。虽然爸爸妈妈都很忙，要照顾弟弟，但这并不代表他们不爱我，不关心我。我们在自己快乐的同时，也不能不考虑别人的感受。只要勇敢地说出来，我们就应该去思考，去体谅理解他人的想法。虽然伙伴们的性格迥异，有的脾气火爆，有的个性温和，但他们都很喜爱我，也都很支持我。我应该学会求助，告诉父母我的烦恼，我应该学会诉说，向同学们敞开心扉。自己的委屈、沮丧就该勇敢地说出来，没有什么人是完美无缺的，有难过说出来，这样就不会无人知晓，对吗？

【**束绳技术、独白技术：**通过好朋友与景景内心的想法对话，把景景内心的不愉快，以及他所认为自己应该要承担的表达出来，和大家一起分享自己内心的快乐与不快乐，不仅可以化解同伴之间矛盾，也可以让同伴之间的友情得到提升。】

众人一起高兴地喊：对！一起分享，一起成长，这才叫朋友！走，一起踢球去！

（全剧终）

五、使用说明

（一）适用领域及指数

适用领域	自我认识	学习心理	人际交往	情绪调适	生活适应	生涯规划
适用指数	☆☆☆☆		☆☆☆☆☆	☆☆☆	☆☆☆	

（二）适用人群

小学中高年级段

（三）心理剧技术

束绳

独白

替身

(四) 引导性问题设计

1. 运用于学生

(1) 当你发现自己有以下问题时：情绪低落，或与家长、老师、同学之间有冲突等，你会如何去处理？

(2) 你自己曾尝试解决埋在心里的情绪问题吗？

(3) 当同伴明确表达自己的不开心、焦虑、抵触等情绪时，你能听懂他（她）话语中表达的意思吗？

(4) 当你自己有不开心、焦虑、抵触等情绪时，你是否愿意让同伴来帮助你？

(5) 当同伴做了某一件让你不开心的事时，你是否能因为自己的不开心而拒绝他们？ 为什么？

2. 运用于家长

(1) 当孩子情绪低落向家长求助时，家长是否会忽略孩子的话，无视他们的求助？

(2) 尤其当自己孩子很优秀（学习成绩优良，是班干部）时，是否会因此更加忽略孩子的求助？

(3) 当家中有二孩时，是否会把未成年长子/女当成大人来对待，认为他们能自我调适情绪，处理好和同班同学的关系？

(4) 您是如何和自己的未成年长子/女沟通的，尤其是这个孩子在学业上、能力上都很优秀时？

(5) 当家中有二孩时，是否会更加偏重二孩，而忽略了未成年长子/女的教养？

3. 运用于教师

(1) 您是否会更关心班级特殊学生的心理问题，而对于学习、能力优秀学生的心理有所疏忽？

(2) 您是否了解过班级中学习、能力优秀学生所承受的各种压力？

(3) 当班级中学习、能力优秀学生表达他们情绪时，您是否会希望他们自行解决而忽略了他们的求助？

(4) 当班级中学习、能力优秀学生来寻求您的帮助时，您会如何去做？ 您会把这一情况告诉家长吗？

（5）您会如何处理班级中因小团体的原因造成某些同学受排挤的问题？

（五）道具准备

面具

绳索

（案例作者：闵行区景东小学　陆佳欣　严赟）

·初中案例

在"暗战"后的成长

一、核心词

校园欺凌、冷暴力、网络诋毁、角色扮演

二、创作意图

校园欺凌是当今社会的一大关注热点，也是学校教育的一大隐痛。有调查发现，语言暴力是校园内欺凌的主要形式，并且危害极大。但各方对此的重视还远远不够，也没有针对性的教育措施、预防措施。我区"心理健康"维度活动设计要义指出，小学、初中、高中"心理健康"维度活动应遵循"立足发展性、预防性的教育定位，以培育学生积极心理为导向，关注并回应不同阶段学生常见心理困惑和心理成长需求"的核心理念。在此理念指导下，本剧旨在以初中学段非肢体暴力的校园欺凌作为主题，围绕语言暴力、网络欺凌、孤立等欺凌方式展开故事情节，通过"受害者""欺凌者""旁观者"的不同角度，描绘欺凌事件对人物心理的影响。情景剧的演绎者和观看者都能从中学会识别欺凌，意识到欺凌的危害，从而更有效地预防校园欺凌的发生。

三、剧情简介

初一女生唐梦凡，她学习成绩不好，但经常帮助老师管理同学，所以老师让她担任了纪律委员的职务。但她的管理方式令同学反感，同学们私底下称她为"黄脸婆"。一节自习课上，由于她使用了不当的管理方式，积压已久的"公愤"终于爆发。而后同学们相约孤立她，从故意避开她到日常恶作剧，后来又演变到在网络上留言写一些辱骂她的话。唐梦凡变成众矢之的,她开始逃避上学。在班主任的帮助下,班长张婉玉出面了解情况,并带领同学们前往唐梦凡家。大家打开心扉,彼此道歉。在一节班会活动课上,班长就这件事作了一次总结,让所有同学都认识到,冷暴力、侮辱谩骂也是校园欺凌。这次事件后,所有人都得到一次精神洗礼,在青春的伤痛中慢慢成长着……

四、剧本台词

第一幕 引 线

时间:课前两分钟。

地点:教室。

情景:唐梦凡负责管理上课预备铃的纪律。

唐梦凡:(一边用书拍打讲台,一边大喊)安静!把书翻到第15页,开始朗读!

初晓:(举手,并指着旁边同桌的空位子说)唐梦凡,何尧没回来上课。

唐梦凡:(走到初晓的旁边说)你赶紧读自己的书,他来没来我看得见,不用你来说啊。

初晓:(扭过头,撅着嘴,委屈地说)我不就想提醒你一下吗!万一他又逃课出去……

唐梦凡:(毫不领情,带有威胁语气)好了,我知道了,你别再说了,你要是再说一个字,我就把你的名字记到黑板上去了,你就等着被老师罚抄课文吧!其他人也别闲着,都给我读起来。

林心妍:(趴在靠走廊一侧的窗上,看情况,替同学们放哨,突然一边大喊,一边跑回自己的座位上)同学们!班主任来啦!

唐梦凡:(用力拍桌子)谁在喊!给我回去抄10遍课文!(转身将林心妍的名字记在了黑板上)

林心妍:(气呼呼地瞪着唐,又不敢直接顶撞。)(心声)凭什么要你管!我不服!为什么不让班长来管!就算班长不来管也不要你管!我就是不抄!(想了一会儿,扭过头对后面的同学小声地说)她太过分了!

苏果:(点点头)我同意。

初晓：是过分了点儿。

林心妍：我提议……（四个人在商量着什么）

第二幕 开 战

时间：早上。

地点：教室。

情景：上学了，同学们都在收作业。唐梦凡也来到教室。初晓、林心妍和一些同学凑在一起。

唐梦凡：（对着大家）早！

（凑在一起的同学都散开了。初晓避开，装作没听见）

（唐梦凡奇怪地看了看他们，耸耸肩，开始整理自己桌子）

（大家都在交作业，唐也拿出自己的作业，要交给林心妍）

唐梦凡：哎，交作业。

林心妍：我不叫哎。放着吧。（没好气，看了一眼唐）

（唐放下作业就走了）

早自习结束后，老师走进教室。

老师：唐梦凡，你今天怎么没交作业啊？

唐梦凡：我交了啊。

老师：你交了，你交哪儿了？课代表的名单上显示没有你的作业本。

唐梦凡：我，我交给林心妍了。

林心妍：我没收到。

初晓：唐梦凡今天来晚了，是不是忘交了呀？

唐梦凡：我真的交了。怎么不相信我呢。林心妍，我肯定交给你了。

林心妍：凡是我收到的作业本，都交给课代表了。我可没看见你的作业。

唐梦凡：你，你，你故意的。

林心妍：你别血口喷人！你自己有时候把作业本随便扔我桌子上，弄丢了也不知道啊。

老师：好了好了，唐梦凡，你下课后到我办公室来。好好解释清楚。

（唐狠狠地看着林心妍，林心妍不屑地扭头不理她）

（体育课上）

体育老师：下面，女生两人一组，开始做仰卧起坐。

（同学们两个两个一组，剩下唐梦凡没有女生跟她一组，男生也正好剩下一人，两人尴尬极了）

体育老师：唐梦凡，你怎么了？没有人跟你一组吗？

唐梦凡：（不说话）

体育老师：苏果，你做完了，帮唐梦凡压一下脚。

苏果：老师，我不行，我肚子疼了，不行了，我要休息。

体育老师：那就赵敏……

赵敏：不行不行，我压不动她的脚。

（同学们都不看老师）

体育老师：唐梦凡，你人缘怎么这么差呀？那还是我来帮你吧。哎。

唐梦凡不开心地做仰卧起坐。

（中午吃饭）

镜头：唐梦凡拿了饭，要跟几个同学坐一起，结果其他同学全走开了。

唐梦凡只能自己一个人吃饭。

初晓和林心妍在一旁看见了，偷偷地幸灾乐祸。

第三幕 暗 战

时间：晚上。

地点：唐梦凡家里。

情景：唐梦凡写完作业，想上网到班级留言板看看。却看到了有人在网上说她的坏话。

【超现实场景：模拟网络世界，唐梦凡在闲言碎语中游走，非常震惊和害怕，同学们一句句冷嘲热讽好像无形的拳头打在她的身上，更打在她心里。】

"初一（8）班某个'黄脸婆'，天天都像被欠了几百万债似的，逮着人就骂，我们招她惹她了嘛？"

"就是就是,真受不了她趾高气扬的样子。"

"真不知道班主任为什么选她当纪律委员。"

"因为是'黄脸婆'!"

"对,哈哈哈哈哈哈。"

"抵制'黄脸婆'!"

"抵制'黄脸婆'!"

"抵制'黄脸婆'!"

唐梦凡不敢相信地摇着头,蹲在地上蜷缩起来。她知道同学们说的就是她⋯⋯

【独白技术:唐梦凡站起身,对着观众内心独白。】

唐梦凡:为什么同学们都不认可我!虽然我成绩不优秀,但是老师让我当纪律委员我也很高兴,想尽力当好这个委员。可纪律委员真的很难当,我不像班长那样有威信,同学们总是不拿我当回事!我只能大声吼,记名字,罚抄课文,我也不想得罪大家。现在同学们都不理我,故意找我茬,还漏交我的作业!我觉得好孤单,学校好可怕,为什么会这样?为什么?⋯⋯

第四幕 明　朗

时间:第二天早上。

地点:教室。

老师:今天唐梦凡同学请假了,她家长说她不愿意来上学。有同学知道是怎么回事吗?

(同学你看看我,我看看你,都低着头不说话)

班长:老师,我想我大概知道是怎么回事。

老师:是嘛。那一会儿下课后,你来跟我说说你知道的事吧。

班长:好的。

(下课后,在办公室)

老师:自从上次唐梦凡不交作业的事件开始,我确实发现有些不对劲。同学们好像在疏远唐梦凡,是么?

班长：……是的。其实同学们一直都不满唐梦凡管理班级纪律的方法。她每次都动不动记同学名字,还擅自让同学罚抄。所以……

老师：所以,你们就孤立她?

班长：嗯……好像不仅是这样。有人在网上说她坏话,散布谣言,说她是道上混的,与校外黑社会有勾结……

老师：你们电影看多了吧,想象力真是丰富。

班长：不是我说的,他们在网上说的……

老师：是谁说的,你知道吗?

班长：我……不全知道,大家用的都是昵称,不是真名。我只知道有林心妍、初晓等人。

老师：他们在哪儿散布的谣言?

班长：QQ 墙。

老师：那看来我得深入组织才能知道始末。(老师看了一眼班长)你得帮我。

班长点头：嗯。

【超现实场景：QQ 群里,同学们在聊天,老师蒙着黑布也混在里面听同学们的对话。】

"我说我说,今天'黄脸婆'没有来!"

"就是啊,平时这么嚣张,她也有今天!"

"不过,老师问起了这事,怎么办?"

"什么怎么办? 我们错了吗?"

"没有啊,我们什么都没做!"

"哦……我们什么都没做!"

"要错也是她先错,谁让她平时这么欺负人!"

"对对对!"

"但我们也是在欺负人啊……"

"谁说的? 我们只是在自保,不甘受人欺负!"

"那我们到底做了什么来自保?"

"…………"

"你傻啊,我们都不理她啊,让她没地方嚣张啊。"

"所有人都说好一起不理她的吗?"

"那倒没有。团结力量大。先集结一些人,自然而然其他人也会跟着了。她的'恶行'大家不是都看不惯嘛!"

"她到底有什么'恶行'啊?"

"她不是上课总点我名字嘛。"

"还罚抄。"

"那不是因为你们没听老师话,违反上课纪律吗?"

"⋯⋯⋯⋯"

"你到底是谁啊?"

"我是班主任。"

"⋯⋯⋯⋯"

"骗人的吧。"

"那明天早上我进教室后,你就知道我有没有骗人了。"

"啊⋯⋯⋯⋯"

第五幕 澄 清

时间:又一个早自习。

地点:教室。

班主任走进教室。今天教室里格外安静,大家都不作声。

老师:昨天有人不相信我啊?

(同学们赶紧低下头,不说话)

老师:今天唐梦凡同学还是没有来学校。她不来学校的原因,我大致已经清楚了。我想问问大家,你们觉得唐梦凡同学有什么做得不对的地方吗?

林心妍:(看了看其他同学,站起来说)她管理班级的方法不好。总是凶巴巴的。也不会通融。

老师:嗯⋯⋯那你们向她提过出意见或者建议吗?

林心妍:我们⋯⋯我们不敢说。

老师：那你们觉得纪律委员应该怎样管理班级？如果你是纪律委员，你会怎么做？

（大家沉默）

老师：大家不满意唐梦凡管理班级纪律的方法，那么我换一个纪律委员是一件很简单的事。我建议，接下去的几天，我们每天都换一个纪律委员，大家轮流来做。

（所有人面面相觑）

【角色扮演技术：林心妍、初晓等几个女孩子在轮到做纪律委员的时候，对于同学们吵吵闹闹也是又喊又叫又记名字。他们感受到了唐梦凡的感受。】

（林心妍、初晓站在讲台上管理纪律）

林心妍：大家安静一下。（没有人理睬）

（吼一声）你们安静点行不行啊！

（所有人看了一下讲台前，默默低下头。但是没过多久，又有人开始小声讲话）

林心妍：你们几个，别讲了！再讲话我就记名字了！

同学：（不屑）记名字又怎样，哼！

林心妍：记名字你就等着抄课文吧！

（同学们在底下窃窃私语）

（林心妍和初晓互相看一对方一眼，叹了口气）

（又一个早自习）

老师：这几天很多同学都感受到，纪律委员不好当吧？（同学们低下头沉默）

我承认唐梦凡的方法可能是不太好，但是你们这样孤立她，在她背后说她坏话，给她取绰号，胡乱造谣，又好到哪里去了？我觉得，你们做得可能比她还要过分。你们的这种行为，已经构成校园欺凌。冷暴力比武力更可怕，伤人于无形。

老师继续：那么，她是惹到了所有人吗？

（部分同学摇摇头）

那为什么，没有人站出来替她说句话？

或许你们觉得事不关己，但却也助长了这种欺凌氛围的形成。

初晓、其他一些同学：（站起来）老师……我们……错了……

班主任：那你们想怎么做呢？

（同学们你看看我，我看看你）

班长：老师，我认为我们该先把唐梦凡给找回来，她是我们班级的一员。

赵敏：对，我们去劝唐梦凡回来上学吧。

苏果：嗯嗯，我们一起去。林心妍，你看怎么样？

林心妍：好吧，我们一起去。

班主任：还有，先把网上那些胡言乱语给删了吧。不管是现实生活中还是在网上，对别人评头论足都是不对的，我们要学会彼此尊重。就算大家觉得她有什么做得不够好，也可以通过劝说、提建议的方式。

（所有同学边听边点头）

第六幕　解　　决

时间：放学后。

地点：唐梦凡家。

班长：唐梦凡在家吗？（敲门）

唐梦凡开门：班长，还有大家，你们怎么来了？（进屋，让同学们进门）

班长：唐梦凡，我们来看你，顺便想请你快回学校上课吧。

（看一眼林心妍、初晓）

初晓：是啊，唐梦凡。之前……对不起。我们不该在网上议论你，还胡乱造谣。

林心妍：还有……作业本，确实是我故意藏起来不交给老师的。对不起。

唐梦凡：你们为什么要这样？

班长：你是真不知道吗？

唐梦凡：我……平时太凶了？

林心妍：你总是一副高高在上的样子，你不就是个纪律委员嘛……

班长：林心妍！好好说话。

林心妍：（赶紧纠正）我是说，我们建议你，能够改变一下管理同学的方式。不要动不动就记名字、罚抄。也该换个花样啦。

初晓：是啊！我们知道了，你是个尽职尽责的纪律委员。这几天班主任让我们轮流做纪律委员，我们已经意识到了，班级秩序需要每个人付诸行动来维持。我们有时候确实做得不好，但希望你能先提醒我们。我们尽量配合呗，好不？

班长：唐梦凡，班主任已经教育过大家了。这件事，我们彼此都有错。就这样一笔勾销吧。

唐梦凡：还没一笔勾销，我还没说"对不起"呢。（调皮）

初晓、林心妍：哈哈哈哈，成交。

第七幕 总　　结

时间：几天后的一节班会活动课。

地点：教室。

情节：班长通过这件校园欺凌事件意识到了同学们关系融洽的重要性，就向老师申请了自己组织这节主题班会活动课。

班长：（站在讲台上向同学们做了一个安静的手势）同学们，大家安静一下！

众同学：（不解地停下手中的事情，看着班长）怎么了？

班长：前段时间，我们班发生了一些小小的不愉快，班级气氛特别紧张。从中我自己也意识到了我们班级存在的不良现象，班主任说得对，冷暴力也是欺凌。我们应该团结起来，而不是同学间互相伤害。所以今天我向班主任申请了这节班会活动课，就是为了让大家能够重新接纳我们班的纪律委员唐梦凡同学。（做了一个有请的姿势，请唐梦凡上台）

唐梦凡：（从底下走上讲台）大家好，我是唐梦凡。今天我想让大家重新认识我。我知道大家之前对我都有些意见，是因为我确实做得不够好，用错误的方式来约束大家，对此我深感抱歉。在此，我为之前的行为造成大家的不愉快说声"对不起"，希望大家能够原谅我。

众同学：（鼓掌）

林心妍：我们做得也不对。我们犯了更严重的错误。对你产生的伤害，我们也要说"对不起"，希望你能够重新回来上课。

众同学：（鼓掌）

班长：通过这次事件，让我们认识到，大家一时的怨气引发的行为后果往往是很严重的。今后，我们要敞开心扉，更友好地相处。大家彼此提意见，彼此学习，共同进步。如果有谁实在有什么不开心或者不解的事情，可以找好朋友或者我来倾诉，我也十分愿意为大家排忧解难！

众同学：噢！班长万岁！

（全剧终）

五、使用说明

（一）适用领域及指数

适用领域	自我认识	学习心理	人际交往	情绪调适	生活适应	生涯规划
适用指数	☆☆☆		☆☆☆☆☆			

（二）适用人群

存在欺凌现象的中小学群体

以欺凌为主题的心理辅导团体

（三）心理剧技术

角色扮演

独白

超现实场景

（四）引导性问题设计

1.运用于学生

（1）你遇到过类似的事件吗？你是其中的哪个角色？

（2）如果再给你一次机会，当你遇到这样的事情时，会怎么做？

（3）如果没有遇到过，你觉得你最想告诉其中哪个角色什么话？

2.运用于家长

（1）您曾经察觉到孩子的异样表现吗？您是否询问过？

（2）当您的孩子受到伤害时，您觉得您可以做些什么？

3.运用于教师

（1）您了解过您的班级是否有欺凌事件吗？

（2）您认为剧中的几个人物他们在班中都是怎样的角色？

（3）您觉得剧中的老师做法是否妥当？如果是您，您会怎么做？

（五）道具准备

1. 教室、食堂、体育馆、办公室等学校场景。

2. 居家（唐梦凡家）场景。

3. 虚拟网络世界场景。

4. 书、书包、作业本等文具用品。

（案例作者：上海市闵行区颛桥中学 褚琛婷）

· 高中案例

按下沟通的"重启"键

一、核心词

误解、校园欺凌、沟通

二、创作意图

每个人在生活中都免不了被人误解和误解他人。误解不仅会给对人际关系带来破坏，也会使人产生消极的情绪；误解如不能及时消解，消极情绪累积下来可能会导致更严重的问题出现。指导学生如何正确面对误解，掌握被别人误解后的处理方法，通过恰当的沟通，正确地处理同伴、亲子、师生间的关系，显得十分重要。我区"心理健康"维度活动设计要义指出，小学、初中、高中"心理健康"维度活动应遵循"立足发展性、预防性的教育定位，以培育学生积极心理为导向，关注并回应不同阶段学生常见心理困惑和心理成长需求"的核心理念。在此理念指导下，本心理剧正是针对高中生同伴之间的误解问题，旨在让学生意识到沟通对于消除误解的重要性，学会正确面对和处理学习、生活中的各种误解，并掌握必要的沟通技巧，保持良好的人际关系和愉悦的心情。

三、剧情简介

有同学被老师叫到办公室，出来面色凝重，走回班级询问是谁告发他晚自习玩手机。英语课代表告知早上看到鹏鹏在和老师说话,说了很久,臆断是他打小报告。鹏鹏被误解后受到同学们的冷落和嘲讽,并且有几名同学趁机给了他一些"教训"。鹏鹏最初只是选择默默承受,无论同学们如何嘲弄他,如何故意设计伤害他,他都默不作声,没有积极主动沟通。直到后来,有同学无意间发现鹏鹏原来那天只是去找老师聊学习,大家才了解了真相。后来,在心理课老师的帮助下,大家借助故事说出了内心的想法,终于化解了矛盾,并且意识到及时沟通和掌握沟通技能的重要性。

四、剧本台词

第 一 幕

背景:午休时寂静的走廊,全年级班级里的人都十分稀少,而高二(6)班人却很多。(走廊尽头传来嬉笑声)

情节:

(镜头从樱花树下拉到办公室,成虚幻,再拉至阿轩在走廊)

(鹏鹏蹲坐在墙角,袋中的牛奶洒了一地)

同学1:我让你搞小动作,你倒是别让我发现啊!

鹏鹏看了眼阿轩夺门而去,此时阿轩眼神追随着鹏鹏并与他四目相对,再转头鹏鹏已经不知所踪,阿轩走进班级。

阿轩:他怎么了?

同学2:哎呀,班长我跟你讲哦!(插入场景回顾:同学1被老师叫到办公室,出来脸色凝重,快步走回班级,问同学是谁告发他晚自习玩手机?英语课代表看到他很生气,告诉他早上鹏鹏在和老师说话,说了很久。)他打小报告,被我们发现了,呵,还死鸭子嘴硬不承认,哈哈,这不被我们教训啦!

同学3:唉,看来平常给他教训还不够!所以这次我们给他来个大招。

(引起一片嬉笑)

阿轩歪头表示很无奈,叹了口气。

第 二 幕

背景:体育课大家都在自由活动,而鹏鹏抱膝坐在领操台下。

阿轩拍了拍鹏鹏的肩,并一把拉起。

阿轩: 没事儿! 鹏鹏,我们打球去。

此时的篮球场,同学们都在开心地打着篮球。

阿轩手搭在鹏鹏的肩上并安慰着。

鹏鹏: 不去了吧……他们不会带我的……

阿轩: 没事的没事的。

同学看着他们来到篮球场,故意把球砸在篮板上。

同学1: 嗨! 晦气! 我说呢,今天这场子怎么进不了球(瞥了眼鹏鹏),走! 换场去!

【虚拟夸张技术】鹏鹏内心斗争:

鹏鹏: 为什么是一个班的同学,要这样对我? 难道我真的看起来有那么讨厌吗?

恶魔: 当然了,平日里你的人缘就没有很好,偶尔还会做一些让大家难以理解的事,还想着大家关键时刻都挺你?

鹏鹏: 我不是那种喜欢背后打小报告的人。

恶魔: 是又怎样,你以为你说了他们就会相信吗?

鹏鹏: 为什么他们不能主动选择相信我呢? 他们现在这样的态度,就算我说了会有用吗?

恶魔: 信不信不是你说了算的,他们现在这么多人已经对你有成见了,你想要扭转他们的想法? 难于上青天啊。

同学2、3等: (走向门口)阿轩干啥呢! 走了呀!

阿轩担忧地看了眼鹏鹏,鹏鹏深深叹了口气,往回走去。

第 三 幕

背景: 英语课代表正在办公室整理作业。

班主任: 早上鹏鹏跟我谈他最近学习遇到瓶颈,特别是在英语方面,他本来就腼腆,你平时对他也挺严的,所以他和我交流了一下他的问题,希望你能给他一些解决方法。

英语老师: 啊,没问题,今天中午我就和他聊聊。

中午：（召开班委会）

班主任：昨天晚自习有领导反映我们班有人玩手机，这件事情我们班委们一定要高度重视，我已经找过那名同学了，对他做了相应的处罚，这类事情绝对不能再发生！

（英语课代表一回到座位上就转头和几个女孩子开始讨论）

英语课代表：嗨呀！我帮你们讲哦！鹏鹏早上原来是在和班主任聊学习状态的事情，刚刚的班委会老师也说是值班领导说我们班有人玩手机的。

女生1：啊！我就知道！你看鹏鹏平时闷声不响的，那些男生就喜欢找他事情。

女生2：对啊，他平时被欺负了也什么都不说的。

女生3：唉，他们上次真的很过分了……

当时阿轩正在黑板上写东西，听到这些他手中粉笔停下了。

阿轩：鹏鹏原来只是去找老师聊学习，阿远他们真的是冤枉他了。

女生们：嗯，对啊。

阿轩若有所思，目光焦急地寻找鹏鹏，发现此时鹏鹏正被几个男生调侃着却一言不发。

第 四 幕

分镜头一：

地点：学校食堂。

内容：阿轩看见鹏鹏在一个人食堂吃饭，于是撇下兄弟和鹏鹏一起吃饭，兄弟们非常惊讶，鹏鹏也傻眼了。

阿轩：我知道是他们错怪你了，我一定会和他们说清事情真相的。

鹏鹏低头不语吃饭。

鹏鹏家里，他和爸爸在一起吃饭。

爸爸：你最近在学校里怎么样？

鹏鹏：嗯，嗯，其实，不怎么好，大家误会我，我……

爸爸：我问的是你学习，你现在只要关注学习就可以了，管其他干什么。

（这时候，爸爸的手机响了）喂，刘总啊……

鹏鹏失落地看着父亲接电话的身影,想到了每次和父亲只能交流几句,就不欢而散。

【独白】鹏鹏内心独白:每次和父亲交流都是这样,一聊就聊到学习,似乎只有学得好才能得到他的肯定和关爱,我都开始怀疑他是否真的爱我? 还是我只是读书的工具,只有读书好才能让他有荣光吗? 生活中的问题,没有一个人能帮我解决,每次只能默默吞下,放在心里,任凭它发霉、腐烂。

分镜头二:

地点:操场。

内容:体育课自修,鹏鹏在操场上一个人散步,阿轩看到了,走了过去。

阿轩:鹏鹏,他们打球人满了,你可以陪我打吗?

鹏鹏的眼中既疑惑又带着一丝欣喜。

分镜头三:

地点:班级。

内容:同学逼迫鹏鹏打扫班级卫生,阿轩帮忙去小卖部叫回原本打扫卫生的男生。

同学1:诶,你最近抽什么风啊? 怎么天天和鹏鹏混在一起!

同学2:是啊! 他给你下了什么迷魂汤?

阿轩喝了口水。

阿轩:你们昨天做得太过分。你们不了解情况,那个告密的人根本不是鹏鹏。

同学1:切,你怎么知道不是他?

阿轩:英语课代表都听到了,鹏鹏早上只是在和班主任聊最近的学习状态,老师在班委会的时候也说了是值班老师和她说的。再说了鹏鹏平常也没对你们做些什么,你们这样做太偏激了。

同学2:可你怎么知道他不会附带上说几句阿远的事?

(那几个男生不情愿地上楼,正好在转角处遇到班主任。)

班主任:阿远,明天把你家长请来,我们谈谈你最近的学习状态。

阿远沉默,面色凝重。回到教室看到鹏鹏在扫地,一把夺走他的扫把并狠狠扔在地上，另一脚踢倒他的簸箕，几个人一下子围住了他。

同学2：就你！成天惹事！

同学3：现在好了，阿远要被找家长了！

同学1：别那副嘴脸，看着就气！

（推搡鹏鹏）

鹏鹏实在忍不下去了，大叫了一声向天台跑去。

阿轩：你们真的太过分了！（同学们议论纷纷）说了，不是他！本来就是你玩手机不对，你还怪人家了？何况他真的什么也没说！

同学1看着生气的阿轩一时间不知道该说什么好。

阿轩：你要是还有点良心，就快和我去找他，道个歉！

同学1：不去！要去你自己去。

（看着阿轩远去，阿远还是悄悄地跟了上去。）

分镜头四：天台。

鹏鹏大哭，阿轩站在旁边安慰他，阿远躲在门后，面色凝重，不知道该说什么好。

当天晚上，阿远被叫至办公室，鹏鹏在班级打扫卫生。

阿远下楼，正好遇到鹏鹏，鹏鹏谦让，让阿远先走，阿远表示不屑，在昏暗的转角处，一个失足，阿远跌下去了，鹏鹏没有一丝犹豫，把他扶了起来。

鹏鹏：你没事吧！

阿远被他的反应所震惊了，鹏鹏小小的举动把阿远心存的一点儿芥蒂化解得无影无踪。

第 五 幕

背景：心理课。

心理老师：同学们，今天我来给大家讲一个故事（播放背景音乐，老师讲述一个女孩因被同学误解而深受打击、成绩下滑、封闭自己的故事）。听完这个故事，你们有什么感想吗？（鹏鹏欲言又止地看着老师）

【独白】鹏鹏内心独白：是不是我也有做得不对的地方？原本只要我努力去解释一下，同学们不一定会对我有这么深的误解，我的沉默让他们以为我默认了，也不能全怪他们。老师也曾说过，要让大家真心地接纳你，就必须学会和别人真诚沟通。难道说，确实是我和同学们之间的沟通出了问题？

心理老师：鹏鹏，你来说吧。

鹏鹏：我觉得这个故事的这个女生因为被误解所困扰，其实这件事情是双面性的，无论发生什么争执，双方都是有问题的。当别人误解你的时候应该去找一个好的方式去解决这个问题，但是那个女孩子选择了逃避。所以，这也有她的错。大家都是同学，应该互相包容，短暂的三年更应该好好相处。

心理老师：那你是这个女生的话，你会怎么做？

（鹏鹏笑了）

鹏鹏：如果我是这个主角，我一定会原谅他们，我打心里认为那些误会她的人也是有闪光点的，我们值得互相学习。

心理老师：听了鹏鹏的发言，哪些同学还有自己的想法？（阿远躲避心理老师的眼神）阿远，你来说一下，以另外一个视角，你会对这件事有怎样的感受？

阿远：嗯……我觉得他们比较冲动，在事情没有确定之前就下了定论，这也是现在大部分人会犯的错误，重要的是后面怎么样去弥补。（停顿三秒，低头，仿佛鼓起很大勇气）我不久前就犯了同样的错误，但是他没有怪罪我，反而在我最需要的时候帮助了我，我对他做了很过分的事情，（停顿一下）在这里，我想向他道歉。（转向鹏鹏）鹏鹏对不起。

心理老师：谢谢两名同学的发言，其实每个人都会犯错，人谁无过，过而能改，善莫大焉。

（全班同学开始鼓掌）

地点：操场。

阿远：鹏鹏，快来一起打球啊，等啥呢？

插曲：《亲爱的同学》。

配音：简·奥斯丁曾在《傲慢与偏见》中写道："即使没有存心做坏事，或者说，没有存心叫别人伤心，事实上仍然会做错事情，引起不幸的后果。凡是粗心大意、看不出别人的好心好意,而且自己缺乏果断,都一样能害人。"误会的本身并不可怕,可怕的是没有正确地化解误会的方法。生活很美妙,没有误会的生活会更加美妙。

(全剧终)

五、使用说明

(一)适用领域及指数

适用领域	自我认识	学习心理	人际交往	情绪调适	生活适应	生涯规划
适用指数			☆☆☆☆☆			

(二)适用人群

中学生

(三)心理剧技术

虚拟夸张

独白

(四)引导性问题设计

1.运用于学生

(1)你曾经被误解过吗?是什么样的事情?

(2)如果被误解了,你会怎么处理?

(3)如果你身边有人被误解了,你会主动去调解吗?

2.运用于教师

(1)是否有学生来找您打小报告后而被同伴欺凌?

(2)当学生被误解后,一般您是如何处理的?

(3)如果被学生误解了,您会如何处理?

3.运用于家长

(1)您的孩子是否和您谈到过自己被误解的经历?

(2)如果您的孩子被误解了,您会如何帮助他?

(3)在生活中,您被孩子误解了以后,会如何应对呢?

(五)道具准备

幻灯片

课桌椅

篮球

音乐

校园背景

（案例作者：上海中医药大学附属浦江高级中学　仇璐昱）

三、"行为规范"维度德育活动的学段衔接探索

（一）设计要义

中小学德育一体化视域下如何设计"行为规范"维度德育活动？

行为规范教育是培养学生良好行为习惯和基础道德文明的奠基性教育。中共中央国务院《关于进一步加强和改进未成年人思想道德建设的若干意见》指出："未成年人思想道德建设的首要任务是从规范行为习惯做起，培养良好的道德品质和文明行为。"教育部《中小学德育工作指南》也指出，德育工作要以促进学生形成良好行为习惯为重点，以落实《中小学生守则（2015年修订）》为抓手。

学校行为规范教育的开展，关乎学生成长，关乎班风、校风，甚至关乎国家文明程度和国民素质。着眼于学生的终身发展，让文明行为成为学生的习惯，让规范成为学生的信念，培养学生现代生活方式、积极生活态度与良好生活情趣，会使学生终身受益，也是教育的使命。

学校行为规范教育多是以综合实施的形式，贯穿于学校教育教学、学生日常生活的各方面和各种德育活动（如主题班会活动、校园节庆活动、学生社团活动、社会实践活动、重大纪念日活动、传统节庆活动、研学旅行活动、职业体验活动、探究活动，以及团、队活动等）中。其中，各种德育活动为行为规范教育提供了良好的习得、练习和践行的场景和情境，有助于学生行为规范的知行合一，有利于将行为规范教育落到实处。

1. 中小学"行为规范"维度德育活动总体目标

指导学生形成健康、规律的生活习惯，注重绿色环保；形成科学、有效的学习习

惯;与人交往中遵守礼仪规范;网络生活中遵守相关道德规范,集体和社会生活中自觉遵守公共秩序、社会公德,拥有作为一名社会合格公民的基本文明行为素养。

2. 中小学"行为规范"维度德育活动内容体系

(1) 主要内容模块

对于"行为规范"主要内容模块及教育内涵的确定,主要依据教育部《中小学生守则(2015年修订)》,以及上海市中小学行为规范示范校评估要求。同时在相应领域的内容上,结合区域实情,酌情强调了环保习惯和文明上网。

生活习惯。主要包括良好的作息习惯、卫生习惯、用餐习惯、体锻习惯等在内的个人习惯;勤俭节约、低碳环保的生活方式,以及健康的生活理念和自立自强的生活态度等内容。

学习习惯。主要包括良好的上课、预习、复习和作业习惯;遵守考试规范和习作要求;讲究学习方法,提高学习效率;注重课外阅读,积极质疑、探究和创新等。

交往礼仪。主要指与人交往过程中,言行举止文明、态度适切,体现出诚信待人、孝亲尊师、关爱他人等良好品行。

公共规范。主要包含爱党爱国爱人民;遵纪守法;学校和班集体生活中遵守校规、班规和其他规定;社会生活中自觉遵守公共秩序、社会公德;网络生活中遵守相关道德规范等。

(2) "模块—学段"内容体系

表 4.6 "行为规范"维度德育活动"模块—学段"内容体系

主要模块	学 段 内 容
生活习惯	**小学**:按时作息讲卫生,文明用餐不挑食,爱惜物品不浪费。坚持锻炼,会自我保护和求救。自己事情自己做。学习并养成节水、节电、节粮、低碳出行等绿色环保生活习惯。上网过程中会保护自己的信息安全。
	初中:合理作息讲卫生,文明用餐,学会自理,生活勤俭不攀比。积极参加体育锻炼,会安全防范。自己事情自己负责,乐于劳动,主动分担家务。控制上网时长。正确认识人与自然的关系,践行绿色环保生活方式。
	高中:科学作息讲卫生,文明用餐,生活自律,生活方式健康,生活态度积极。会安全防范,远离毒品,电子产品使用合理有度。

主要模块	学 段 内 容
学习习惯	**小学**：自己整理书包、学习用品，读写姿势正确。上课专心听讲，积极参加讨论。按时、独立完成作业，作业不抄袭，考试不作弊。经常进行课外阅读。
	初中：学会预习、复习。上课专心听讲，积极思考，勇于提问，学会总结。独立完成作业，作业不抄袭，考试不作弊。坚持课外阅读。
	高中：主动学习，善于思考，积极探究，初步形成有个性特点的、有效的学习方法。作业不抄袭，考试不作弊。养成良好阅读习惯。
交往礼仪	**小学**：会用礼貌用语，懂得基本的礼貌。乐意同伴交往，待客热情大方，与人友好交往。关心父母和长辈，关心同学。不说谎。
	初中：使用文明用语，行为举止大方；待人、交友真诚，乐于助人。孝敬父母，尊重师长。讲信用。
	高中：使用文明用语，行为举止得体，真诚友善，热心志愿服务。孝敬父母，尊重师长。尊重隐私，慎交网友。讲诚信。
公共规范	**小学**：尊重和爱护国旗国徽，升国旗时肃立，会唱国歌，行礼规范。遵守校纪校规，维护班级秩序。保持公共卫生，爱护公共财物，爱惜花草树木。遵守规则，不乱穿马路，不乱扔杂物，公共场所不大声喧哗。
	初中：尊重和爱护国旗国徽，升国旗时肃立，认真唱国歌，行礼规范。遵守校纪校规，培养规则意识、法律意识。爱护公共财物，爱护校园环境，保持公共卫生。文明礼让，公共场所不大声喧哗。在网络公共空间中，遵守相关规范，自我约束。
	高中：尊重和爱护国旗国徽，升国旗时肃立，认真唱国歌，行礼规范。理解法律和规范的意义和价值，遵守各项法律、规范等，培养自觉护法守法、依法办事的法律意识；积极参与学校管理，爱护校园环境，维护校园秩序。爱护公共财物，爱护生态环境。文明礼让。网络公共空间中，做到网络言行文明、理智、负责任。

3. 中小学"行为规范"维度德育活动核心理念

我们从学段学生行规发展现状和特点、学生行规发展要求的分析出发（见表 4.7），以期凸显行为规范教育活动设计应遵循的核心理念。

表4.7 各学段学生"行为规范"素养现状、特点及发展要求分析

学段	学生行规素养现状和特点	学生行规素养发展要求
小学	行为习惯养成的关键时期。抽象能力还较弱,对习惯重要性和规范的价值还不能深刻理解。对行为规范的内化水平更多为顺应和仿效,对各种强化较感兴趣。	**行为要求**:逐渐养成该学段应有的行为习惯,遵守行为规范; **内化要求**:尝试理解习惯的重要性和规范的意义、价值。能依照外在规则规范自己的行为。
初中	行为习惯养成的重要时期。行为被过渡性、闭锁性、不稳定性等心理特点影响,开始树立自己的道德信念,却有逆反、对抗心理。行为受朋辈影响大。	**行为要求**:能实践该学段应有的行为习惯、规范; **内化要求**:不断深化对习惯的重要性和规范的意义、价值的理解,能基于内心道德要求指导行为。
高中	行为习惯养成的重要时期。已经拥有很高的抽象认知水平,初步形成了三观,对于规范的内化也能达到信奉水平。	**行为要求**:能自觉、主动实践该学段应有的行为习惯、规范; **内化要求**:自觉、坚持以习惯的重要性和规范的意义、价值来指导自己的行为。

基于以上分析,学校的"行为规范"教育活动应秉持这样的核心理念:**从被动走向主动、从他律走向自律**,即从小学到高中,要逐步引导学生从被动学习规则、接受行为训练、被动执行规则转化到主动将规范内化于心、外化于行,实现行为上的他律到自律。

4. 中小学"行为规范"维度德育活动方法要点

虽然行为规范教育主要以综合实施的形式贯穿于各种德育活动中,但综合实施并不是说可以随意选取活动样式、没有方法要点,忽略学生道德学习规律和教育要求。前期通过对教师的调研,了解到了不同学段"行为规范"教育中使用较多的活动样式,发现主题班会活动、专题讲座、探究活动、团队活动、社团活动排在前列。对此,我们依据道德学习规律和教育要求进行分析,便能发现,有其合理之处(行规教育需要以对习惯、规范的认知为基础,主题班会活动、专题讲座更多是认知教育),也有可改进之处(如需要更多利用活动为学生创造实践规范的情境。一方面可以在一般的德育活动中,向学生明确活动规范,保障活动正常开展;另一方面可以引导学生自主思考、制定、优化各种活动规范,开发活动主题外的行规教育价值)。

基于"从被动走向主动、从他律走向自律"的核心理念,我们确立了各学段德育活动的形式选择和每种形式的方法要点,具体见表4.8。

表 4.8 "行为规范"教育活动方法要点

学段	推荐德育活动形式	活动方法要点
小学	**认知教育**:主题班会活动、专题讲座等 **践行教育**:岗位活动、班级日常活动、团队活动、社会实践活动、校园节庆活动、探究活动等	**认知教育**要寓教于乐,注重直观性、生动性和趣味性,引导学生向更高道德认知阶段发展。 **践行教育**要注重反馈、评价激励,注重家校合作,调动学生对践行良好行为习惯的积极性。并引导学生在践行中增强情感体验、培养意志品质。
初中	**认知教育**:主题班会活动、专题讲座等 **践行教育**:社会实践活动、探究活动、团队活动、校园节庆活动等	**认知教育**要运用学生感兴趣的题材,引导学生自主辨析。 **践行教育**要注重对行为的导向性,学习科学制定、优化规则,调动学生对规则背后意义的思考,引导学生在践行中加深内化程度。
高中	**认知教育**:主题班会活动、辩论、专题讲座等 **践行教育**:社会实践活动(公益服务、社会调查、职业体验等)、探究活动、团队活动、校园节庆活动等	**认知教育**要运用平等、民主的交流、讨论,避免单向、死板的灌输。 **践行教育**要引导学生在不断的规则实践中,培养法治、契约精神。

5. 中小学"行为规范"维度德育活动实施要点

(1) 教育目标体现延续性和层递性

应在研究和把握"行为规范"教育总体目标与内容体系基础上,依据学生实际,凸显各学段年级行为规范目标之间的差异性、延续性、层递性,防止错位、重复或空白。

(2) 教育内容应合理界定

应把握好"行为规范"教育内容的范畴,不能仅将"行为规范"教育狭义地定位于习惯、礼仪和基础文明行为等外在细节规范的养成,还应包含现代生活方式、生活态度、生活情趣的养成等方面的内容。

(3) 教育方法应行为训练与思想引领相结合

通过日常的行为训练,能帮助学生获得行为规范的执行方式,但不能变为过度的枯燥训练。因此,在"行为规范"德育活动中,应注重通过思想引领作用于学生认知、态度和精神世界的改变，调动其对规范的审视，体验规范的形成是社会生活的需要，在思辨中理解规范的意义和价值。

（4）注重教师的行为示范

教师在教育教学行为中是否积极践行教师准则，对学生的行为规范教育起着重要的影响作用。因此，学校要加强教师队伍的师德建设、职业道德教育，以期发挥对于学生"行为规范"教育的正向影响力。

（5）强调多方协作的教育联动

学校要将"行为规范"德育活动的开展置于家、校、社会协同、联动的格局下，一方面取得家长对学校"行为规范"教育的认同、支持和参与，防止家庭成为抵消学校"行为规范"教育成效的场所；另一方面，加强社校联动，让学生在更广阔的社会公共场所中学习和践行社会公共规范，培养社会公德和公共精神。

（二）小初高衔接实践——以"手机使用教育"德育活动为例

随着互联网与数据科技、人工智能等新领域不断发展，智能终端迅速普及，手机成为了现代人生活、学习、工作中的不可或缺之物。"00 后"学生都是信息时代的"原住民"，学生不当的手机使用行为对学校管理和学生发展带来的诸多负面影响在不断凸显。2021 年 1 月，教育部办公厅印发《关于加强中小学生手机管理工作的通知》，要求中小学生原则上不得将手机带入校园，并要求学校要细化管理措施，做好家校沟通，加强教育引导。

在此背景下，对学生进行手机使用教育，让他们形成健康、合理使用手机的习惯，自觉遵守网络规范，拥有足够的自律性和自制力，是新时代学生行为规范教育的重要内容，更是让他们成长为信息时代的合格数字公民，以及走向真正的自由的人的必要之举。

围绕手机使用教育，下面呈现的是小学、初中、高中三个学段的德育活动案例，它们分别依据本学段学生的手机使用情况、学生身心特点，设计了形式多样、内容丰富的教育活动，帮助学生学习如何达成手机使用上的自控、自律。更为重要的是，每个案例始终关照着"从被动走向主动、从他律走向自律"的行为规范教育核心理念,让我们对不同学段在中小学德育一体化视野下如何设计德育活动有直观、具体的感知。

·小学案例

手机"救援"记

一、背景分析

随着社会和时代的发展,越来越多的小学生使用手机、平板电脑等电子产品。浩瀚无际的网络世界令对世界充满好奇的小学生着迷。但由于心智不成熟,小学生在电子产品使用过程中往往对娱乐功能过度关注,依赖学习软件、个人信息保护不当等问题也屡见不鲜,严重者甚至扰乱了他们的正常学习和生活规律。

如何引导小学生在使用手机等电子产品时学会自我防护,做到网络自律,甚至能监督提醒他人,从小做"绿色上网"的积极践行者和倡导者,便成了教师及家长所关心的问题。从学校德育活动角度出发,基于区域所提出的"从被动走向主动、从他律走向自律"的"行为规范"维度教育核心理念,我们希望通过设计和开展富有童趣的系列活动,同时注重家校合作和评价激励,以期对小学生科学、合理使用手机等电子产品起到引导和教育作用。

二、活动目标

1. 懂得在使用手机等电子产品的过程中要增强安全防范意识和掌握基本的防护技能。

2. 明白过度使用电子产品会给自己带来的危害,能够反思自己在电子产品使用过程中的不当之处。

3. 树立科学、正确利用相关学习软件的态度,培养独立思考的品质。

4. 激发自律使用电子产品的愿望,真正做电子产品的主人。

三、活动准备

1. 通过校园公众号、校园广播等途径做好活动宣传。

2. 提前邀请活动评委老师。

3. 确定活动相关作品提交时间、地点和形式,作品要求,评选时间等。

四、活动过程

（一）童话续编：手机的烦恼

设计意图：小学生年龄较小，自控水平较低，对电子产品、网络的使用充满强烈的好奇和求知欲，因此简单粗暴地阻断上网并不能消除小学生对网络的迷恋。通过童话续编的形式，可以巧妙引导学生回顾和反思自己在手机使用过程中存在的不良习惯和问题，从而为教育者呈现下阶段教育活动需要重点关注的问题。

1. 活动引入

童话：手机的烦恼

小朋友们大家好，我曾经是一部快乐的手机。但现在，已经不是了，因为我生病了……

我的小主人最喜欢躺在沙发上玩游戏、刷抖音。成天成夜地玩，一直玩到自己两眼发花、头昏脑胀才会放下我。有时候，我身体会发烫，越来越烫，简直都快要窒息了……主人却熟视无睹，拿起插头给我充电，一边充电一边继续疯狂地玩，我被他折磨得全身发烫，筋疲力尽。

我的心情也时好时坏。心情好，是因为小主人收到了远方亲友的祝福短信。可当收到一些不健康的短信和无聊的骚扰电话时，比如中奖、汇款之类的诈骗信息，我就会心烦意躁，如果小主人点了这些链接，我就会彻底感染病毒。

最近，我又增添了一件烦心事：小主人对我越来越着迷，每天除了上学和睡觉，几乎和我形影不离，他还在我身上安装了几个能搜索答案的软件，每当他遇到不会的题目时，就会打开软件、派我去"偷"答案，我觉得自己好像一个不劳而获的"小偷"。

小朋友们啊，快救救我吧……

2. 活动要求

小朋友们，回想你和你的"好朋友"相处的这一天，它有没有向你发出"烦恼"警报呢？请你以童话的形式写一写你和你这位手机"好朋友"的故事吧！

(二) 主题班会：网络安全我知道

设计意图：自我防护是小学生"绿色上网"最基础的要求。本节班会通过网上聊天这一真实情境，引导学生了解个人信息的类别和内容，增强个人信息安全意识，学习保护个人信息安全的方法，并记住让别人知道自己的个人信息之前要征得父母或老师的同意。

1. 活动引入

提问同学们是否有网上聊天的经历，并让一些曾经在网上聊过天的同学说说他们的经历（比如：聊天的地点、时间、内容、感受等）。

2. 故事分析

小明经常上网聊天，他非常喜欢与一个网名叫"果冻"的网友聊天。每次当小明与"果冻"聊在学习上遇到的问题的时候，"果冻"都能给他出一些好主意，因此小明觉得"果冻"是他非常要好的朋友。

有一天，小明与"果冻"正在聊天。小明输入"我的学校纪律可严了，我们在走廊都要靠右侧走，还不能喧哗、更不能打闹"。"果冻"回答："我们学校不那么严格。你在哪个学校啊？"有时候"果冻"还会问小明一些个人问题"你家住在哪里呀？""那你爸爸妈妈在哪里上班？"甚至会发一些链接让小明帮自己"砍一刀""参加抽奖"……

(1) 面对"果冻"的这些问题，小明应该回答什么？

(2) 小明应该怎样拒绝网友提出的帮她"砍一刀""参加抽奖"等要求？

3. 小组讨论

出示下列个人信息，小组讨论其中哪些是能够和他人分享的、哪些是绝对不能在网络上透露的。

你的姓名	你的住址	你的学校地址	你的电子邮箱地址
你的电话号码	你的密码	你父母的姓名	你父母的工作单位
你的照片	你的外号	你的期末评语	你的考试分数

4.拓展活动

创编《网络安全儿歌》，评选"网络安全小卫士"。

(三)"能言善辩"：搜题软件该不该用?

设计意图：近几年，多款搜题软件因其强大的自动解题功能，受到不少学生的追捧。不少学生将搜题软件视为一种快捷的学习方式。通过学生辩论、教师总结的形式可以让学生从正反两个方面去看待搜题软件，并认识到该如何使用搜题软件：遇到难题时，借助搜题软件，可以帮自己理清思路，或者是找出解不出这道题的关键点，但搜题软件不是用来代做作业的，而只能用于参考。真正的学习还需要自己动脑筋进行判断、思考。

1. 公布辩论赛题目："搜题软件该不该用?"正方观点"该使用搜题软件"，反方观点"不该使用搜题软件"；五年级以班级为单位，抽签选择正反方。

2. 各班利用一周时间搜集有关资料，准备辩论。

3. 每班派4名学生参加辩论赛。

4. 评委赛后点评：技术是一把双刃剑，关键要看如何使用。用软件搜得到答案，但搜不到思考能力。我们可以从软件上参考一些解题过程，再有的放矢地学习如何答题，让答题软件真正起到"辅助"作用。

5. 其余同学投票决定胜负，并选出"能言善辩小能手"。

(四)化零为整：碎片时间"书香随我行"

设计意图：每个人的生活中都有很多碎片时间，现在的人们在碎片时间中也往往是下意识地掏出手机，开始刷微博、看抖音等无关紧要的行为，小学生也不例外。这些碎片化时间不但没有帮我们争取到更多自由或者学习的时间，反而让更多的人患上了手机依赖症和拖延症。利用碎片时间读一本书，既让学生摆脱了对手机的迷恋，学会如何管理自己的时间，又有利于保证阅读本身的完整性。

为了引导小学生避免将碎片时间浪费在刷手机上，以更有意义和价值的行为取而代之，我们设计了"书香随我行"活动。我们向不同年级推荐书目，号召学生平日带一两本自己喜欢的书在身边，利用外出游玩、吃饭、喝茶、理发、陪妈妈购物或排队等候过程中的碎片化时间，阅读一本完整的书，写下自己的读后感,并在班级中开展读书交流活动,评选"书香小标兵"。

(五) 打卡记录:和手机的一天

设计意图:小学生使用手机的大部分时间在家里及校外,且较多时间是用于听音乐、玩游戏、聊天等。通过在家里和父母一起记录手机使用时长、场合、频率等,利用监督和激励机制帮助学生反思自己的手机使用行为,从而养成良好的上网习惯。同时也希望对改进学生家长的手机使用行为起到一定的积极影响。

以家庭为单位,开展手机使用情况记录活动,并根据家里每个成员每天使用手机的场合、目的等,分析哪些是必要的、哪些是不必要的使用情况。一个月后每个家庭上交手机使用情况记录表,看看自己的变化,和同学交流感受,并评选出"网络自律小达人"。

"和手机的每一天"记录表

家庭成员	日期	使用时长	使用场合	使用软件	使用目的

五、活动反思

在小学生眼中,手机等电子产品就是一个无所不能的"宝典",面对其背后缤纷的网络世界,涉世不深且分辨力不强的他们难免会被吸引、诱惑,从而对自己的学习、生活带来不少负面影响。通过本次活动,我们引导学生在多姿多彩的网络面前擦亮眼睛,通过讨论分析、经验分享等过程,树立正确的手机使用态度,学会科学、合理地使用手机,发挥电子产品的正面价值,帮助小学生们让手机等电子产品真正"为我所用",成为电子产品的"主人"。

(案例作者:闵行区北桥中心小学　张玲)

"机"娃"修炼"记

对于初中生而言,手机已成为重要的学习和生活工具。通过手机,他们可以与家人、朋友联系沟通;可以寻求同伴群体的关注、满足心理需求;也可以助力线上学习;当然还可以通过手机娱乐暂时缓解学业压力……但同时,手机也在逐渐"侵略"初中生的生活,改变着他们的生活方式与行为习惯。近年来,中小学生因过度使用手机而导致的沉迷游戏、近视率上升等各种问题,成为教育领域的一个痛点。

然而,作为教育者的我们,需要清醒地意识到,造成这些问题的根源,绝不是手机本身,而是使用手机的方法不当。2021年1月,教育部办公厅出台《关于加强中小学生手机管理工作的通知》,要求学生原则上不得将个人手机带入校园,同时还强调"学校要通过国旗下讲话、班团队会、心理辅导、校规校纪等多种形式加强教育引导,让学生科学理性对待并合理使用手机"。因此,引导学生树立对手机使用的正确态度,改变不健康的手机使用习惯,培育信息安全意识与网络伦理道德,让手机成为助力自身发展的资源,是学校当前迫切需要关注和解决的一个重要问题。

从学校德育活动角度出发,基于区域所提出的"从被动走向主动、从他律走向自律"的"行为规范"维度教育核心理念,我们希望通过对极具现实性、典型性的案例设计和开展讨论、辩论对话、自主调查探究等活动,同时注重家校合作,以期让初中生增强在手机管理问题上的自控意识和能力。

一、活动目标

1. 通过案例分析和学习,增强信息安全意识,学习在手机使用(尤其是网络交友、网络社群生活)中的自我保护方法。

2. 通过案例分析、同伴讨论,学习手机管理的有效策略,增强自我管理和自我约束的意识和能力,培养健康的手机使用习惯和良好的网络道德规范。

3. 通过系列活动,培养对生活、学习的反思习惯,树立正确的手机使用态度,让手机成为助力自身发展的资源,而不是让生活被手机"主宰"。

二、活动准备

1. 学生分组,开展问卷调查和视频采访。

2. 做好辩论的相关准备,开展辩论。

3. 相关案例的搜集、改编。

三、活动过程

(一)参透"机"关:我为什么这么爱手机(第一阶段)

设计意图:通过问卷调查和随机采访,了解初中生的手机使用情况,初步了解学生使用手机的需求;通过辩论赛,引导学生在讨论和反思中,进一步厘清自己手机使用背后的心理,为后续教育活动设计奠定基础。

1. 学生调查

活动以小组形式进行。学生首先分组,明确分工,选出组长。在教师指导下,各小组设计初中生手机使用情况调查问卷和使用需求采访提纲,并实施问卷调查和采访。完成调查和采访后,小组间分享、探讨"我们为什么喜欢使用手机",教师引导、点拨、梳理。

初中生手机使用需求及情况

使用需求	主 要 情 况
学习需要	用手机查找资料、一起作业、上网课等
交友需要	用手机聊天、社群交友等
放松需要	用手机听音乐、看电影、看小说、看漫画等
生活需要	用手机买东西、叫外卖、订出租车等
打发无聊的需要	用手机刷朋友圈、刷抖音等

2. 学生辩论

基于调查和采访,遴选学生开展辩论。双方观点分别为:手机满足了我们的需求(正方);手机制造了我们的需求(反方)。通过辩论,引发学生进一步思考、厘清自己使用手机背后的心理需求,梳理、总结使用手机的利弊,反思在手机使用方面自己需要改进之处。最后,评委老师对辩论进行点评,就手机使用进行进一步引导。

(二)随"机"应变:让有"机"生活更健康(第二阶段)

设计意图:通过系列化主题班会的形式,引导学生分别对手机作业软件、网络"软色情"诱惑、网络欺凌等问题进行深入辨析和讨论,学习自我约束和自我保护的方法,学会不让手机影响自己在学习时的独立思考,保护自己不受网络软色情诱惑,以及减轻网络欺凌伤害(如不幸遭遇网络欺凌)。通过与父母共同制定《手机使用契约》,寻求父母监督和帮助,从而更有效、有度地使用手机。

1."作业神器"慎使用

(1)出示案例

这两天,小豪妈妈觉得有点奇怪,今年上初二的儿子小豪在写暑假作业时,不时地要用手机拍试题。在她再三询问之下,小豪才道出实情,原来是使用一款手机软件"作业神器",遇到不会的作业,就用手机拍下照片上传,在线就可以得到最佳答案。小豪妈妈看着自己手机上安装的软件,对儿子投机取巧的行为非常生气。于是,每到儿子做作业时,小豪妈妈就把家里的路由器关闭,没有了无线网络信号,小豪终于老实了。但是,新的问题又产生了,小豪遇到不会的题,就开始向小豪妈妈请教,但小豪妈妈根本解答不了。

(2)学生思考、交流

① 你如何看待小豪的做法呢?

② 假如你是小豪,你觉得该怎么利用好这些"作业神器",既能让自己学有进步,又能让父母放心?

(3)梳理方法、策略

"作业神器"使用小贴士

◆ "作业神器"本身并没有问题,关键是看我们怎么使用手机答题软件。

◆ 和父母沟通,弄清楚使用"作业神器"的目的,究竟是抄作业、查找资料还是学习解题思路。

◆ 独立完成作业,原则上做作业时不使用手机。遇到难题可以先作好标注,做完作业后再利用手机查找资料或学习解题思路。

◆ 可以尝试通过为同伴讲解习题进一步巩固学习效果。

◆ 关注自己的学习状态、作业质量和考试成绩,学会分析试卷和作业,找到问题所在,想方设法迎难赶上。

2. 警惕网络"软色情"

(1) 出示典型案例

案例1:"我已经数不清是第几次删掉孩子手机里的短视频软件了。"北京一位小学六年级孩子的妈妈荣女士说。荣女士不是那种完全禁止孩子接触手机的家长,不过最近荣女士警惕起来,她好几次都发现女儿夜里躲在被窝里看手机。荣女士发现女儿是在手机软件上看一部漫画。"有些画面,实在不适合十一二岁的孩子看。"荣女士说,现在只能采取措施,坚决不让女儿的手机里再有这类软件。

案例2:年仅13岁的女生小美最近迷上了与网友聊天。每天一放学到家,小美总是迫不及待地点开微信,与网友小明畅所欲言,上床睡觉前也要和小明进行"晚安聊天"。两人聊得热火朝天,聊天的言语充满了暧昧与喜欢,甚至到达了所谓的"老公""老婆"的地步。一天晚上,小美洗完澡穿着吊带睡裙,开始与小明微信语音聊天,并发了一张穿着睡裙的照片给他。在小明的再三要求下,小美跟他进行了视频聊天。聊天中小明穷尽花言巧语,不停地赞扬小美漂亮性感,并要求小美把衣服的领子下拉。小美沉浸在被恭维的喜悦中,一一照做了。可谁知,第二天,小明就发来短信,要求小美出来见面,否则的话就把聊天的记录和视频公布到网上。

(2) 学生思考、交流

① 为什么这位妈妈这么坚决不让女儿的手机里有这类软件?

② 什么是网络软色情? 你如何看待网络软色情?

③ 你觉得有哪些好的方法能帮助我们自觉抵制软色情的诱惑?

④ 在与网友网络聊天时,怎样保护自己不受到性骚扰等伤害?

(3) 梳理方法、策略

抵制网络"软色情"小贴士

◆ 谨慎下载相关软件到手机上。

◆ 不进入陌生的聊天群,不随意与网友聊天,话题不涉及隐私安全。

◆ 若触及网络软色情,及时告知父母或老师。

◆ 若遭受到网络性骚扰,要郑重表明立场和可接受的界限,不要试图忍让与逃避;培养收集证据的意识,注意证据的整理留存;不要害怕争端而放弃举报和诉讼;如有需要,可以寻求专业法律工作者的帮助。

---

3. 面对欺凌懂自护

(1) 出示典型案例

七年级小凤最近很受困扰,身心受到严重创伤。两周前,她跟班级同学小丽因为一些小事情产生了矛盾。就在前几天,小丽突然在班级微信小群里不断辱骂小凤,言语不堪入耳。更过分的是,小丽还在网上公开了小凤的个人隐私,公开散播小凤和某某男生谈恋爱的谣言,在网上不断威吓小凤,不允许其告诉家长和老师。

---

(2) 学生思考、交流

① 你如何看待小丽的行为?

② 什么是网络欺凌?常见的表现形式有哪些?

③ 遇到网络欺凌,我们该怎么办?

(3) 梳理方法、策略

面对"网络欺凌"怎么办?

◆ 理性处理,不冲动或采取报复行为。

◆ 及时收集相关信息,如欺凌的具体内容及其截图等。

◆ 第一时间告诉家长和老师。

◆ 向网站或互联网服务供应商进行投诉。

◆ 若网络欺凌涉嫌违法犯罪活动,请立即与当地警方联系。

◆ 必要时可以诉诸法律,提起民事诉讼。

我们要严格遵守手机使用和网络交友的道德规范和法律规范,敢于以适当的方式进行监督、提醒,维护网络文明。

4. 共缔契约 寻求监督

(1) 梳理自己在手机使用过程中的问题

使用需求	主 要 情 况	存在问题 (使用时长、迷恋程度、网络规范等)
学习需要	用手机查找资料、一起作业、上网课等	
交友需要	用手机聊天、社群交友等	
放松需要	用手机听音乐、看电影、看小说、看漫画等	
生活需要	用手机买东西、叫外卖、订出租车等	
打发无聊的需要	用手机刷朋友圈、刷抖音等	

(2) 针对自身存在的实际问题,寻求家长的监督和帮助

通过与家长一起召开家庭会议进行民主沟通,共同商量手机的使用规则,共同签订《手机使用契约》。参考如下:

手机使用契约

孩子,你已经长大,的确,也需要自己的手机了。但为了让你更好地管理手机,我们共同制定以下手机使用规则。

1. 每个人都有保护隐私的权利,爸爸妈妈不会随意偷看你的聊天内容,但请自律使用手机,让我们彼此安心。

2. 你可以使用手机,但请你在使用手机之前告诉爸爸或妈妈。

3.每天在学习任务完成的前提下可以适当使用手机(使用时间在 30 分钟以内,20:30 以后不允许使用手机)。

4.不允许借着查找资料的名义进行无意义的、不动脑的学习,若是老师要求,请允许在家长的陪伴下严格控制使用时间。

5.使用手机,可以看一些正当的、有意义的内容,不允许浏览不良信息(如黄色信息等),一经发现,没收手机。若你对青春期的内容感兴趣,可以与我们一起探讨。

6.手机不能带到学校,在学校需要你自己面对面地与同学聊天,这样才更能锻炼你交往的能力。

7.爸爸妈妈也要控制使用手机的时间,除正常的工作之外我们也要少玩手机多看书。若有做得不到位的地方,还请监督。

手机很方便,但是爸爸妈妈希望你,即使出门不带手机也不会感觉无所适从,大自然的美是手机是无法代替的。如果有一天,我们发现你对手机的依赖程度已经超过了对生活的热爱程度,或是无节制地用玩游戏来打发闲暇时光了,那么,对不起孩子,我们将收回你对手机的使用权了,这一点,直到你上班工作自己挣钱后才会改变。

上述规则,于你而言,或许有些苛刻,但我们希望,你能真正做手机的主人!一起加油!

家长签名:　　　　孩子签名:　　　　　时间:

(3) 督促自己严格遵守《手机使用契约》,定期检查执行情况

与家长共同努力,共同约束,减少手机的无效、低效的使用时间,学会安全、有效、有度地使用手机,逐步增强自己合理使用手机的意识和能力。

(三) 生机勃勃:让无"机"生活更有趣(第三阶段)

设计意图:通过鼓励学生利用课余时间进行亲近自然、加强运动、培养兴趣爱好等活动,在实际生活中不断增强学生自我管理、自我约束的能力,充分拓展无"机"的时段和空间,逐步养成健康文明的手机使用习惯,打造美好的、无"机"陪伴的有机生活。

1. 四季主题研学实践

我们积极开展四季主题研学实践活动，要求学生利用课余闲暇时间多亲近大自然，在自然中游戏、体验，促进同伴间的人际交往和团队合作，并完成《乐学自然　自能成长》探究单。

2. 坚持运动

设计自己的"每周运动"清单，结合自己的实际，综合考虑年龄特点、闲暇时间和学业生活，选择适合自己的运动项目（如跑步、4 分钟跳绳、50 米跑、游泳、武术、拉拉操、仰卧起坐、篮球、排球等）。每周完成计划时长和强度的运动，必要时可以借助父母、老师和同伴的监督和提醒。

3. 培养、发展自己的兴趣爱好

每个人的兴趣点是不同的，初中生可以根据自己的实际情况培养、发展自己的兴趣爱好。以纸质书的阅读为例，学生可以通过亲子阅读，与父母分享读书的感动和乐趣，既创造了亲子间主动沟通的机会，有助于营造良好的亲子关系，促进亲子共同成长，又能培养阅读的爱好，拓展自己的兴趣点，丰富自己的业余生活。

四、活动反思

1. 初中生手机使用教育必须尊重学生的主体性

本次活动中，无论是调查与采访、参与辩论还是案例讨论，我们都力图引导学生反思自身使用手机的内在需求，明确使用手机的利弊，厘清自己手机使用背后的心理需求，从而辩证地看待手机问题，反思在手机使用方面自己需要改进之处，努力发挥手机对自己的积极意义。这些活动充分调动学生自己的理智反思，体现行规教育从被动走向主动的过程，从而帮助初中生心悦诚服地作出行为改变。

2. 初中生手机使用教育需要"更多"的助力

首先是家庭的助力，因手机引发的亲子冲突屡见不鲜。就手机使用问题全家达成共识，并获得家长的督促、帮助和提醒，同时父母作出表率，对学生养成合理使用手机和绿色上网的习惯非常重要。其次是健康生活方式的助力。对于初中生而言，活动、运动、读书都是积极拓展无"机"时空、打造美好的无"机"生活、积极践行健康文明生活方式的重要内容。

（案例作者：上海市七宝第二中学　顾玲）

117

数字公民成长记

一、背景分析

随着互联网与数据科技、人工智能等新领域不断发展,智能终端迅速普及,手机已经成为人们日常生活中不可或缺的一部分,以至于00后被称为"网络原住民"。当下的高中生学习负担较重,且部分学生由于不良的手机使用习惯或不遵守网络道德而给自身成长带来了负面影响,因此一些父母希望强行禁止孩子使用电子产品。但强行禁止的后果往往是他日报复性地使用,也容易激化亲子矛盾、师生矛盾。且着眼于学生长远发展,绝对禁用手机是不尊重高中生合理需求的,还会剥夺其发展信息素养的机会。因此,在此背景下,我们需要思考和探索的重要命题是,如何引导高中学生科学、理智地运用电子产品,真正使自己从"网络原住民"蝶变成信息时代的合格数字公民。

从学校德育活动角度出发,基于区域所提出的"从被动走向主动、从他律走向自律"的"行为规范"维度教育核心理念,我们希望通过引导高中生进行自主反思、民主讨论、体验活动等,同时注重家校合作,以期助力高中生良好手机使用习惯和网络道德的形成。

二、活动目标

1. 依托调查和周记了解学生使用手机的现状,同时也引导学生反思自己的手机使用行为。

2. 引导学生明确如何合理使用手机,实现自我约束和自我规划。

3. 引导学生在团队监督和他律影响下逐步实现自律,从而抵抗网络游戏的诱惑。

4. 调动家长力量,形成家校共育合力,共助学生科学有效使用手机。

5. 通过主题式对话讨论,引导学生监督和提醒他人科学使用网络,同时培养社会责任感。

三、活动准备

1. 问卷设计,数据统计。

2. 班会策划。

四、活动过程

(一) 调研先行,厘清教育需求

设计意图：通过数据调研和学生周记的形式,客观数据与主观感受描述相结合,更好地了解高中生的手机使用现状和困惑,明确教育需求,为后续有针对性地设计系列活动,引导学生科学合理使用手机奠定基础。

1. 问卷调查——高中生手机使用基本情况

问卷着重了解以下几方面信息：① 智能手机拥有率;② 拥有手机的原因;③ 手机的主要用途;④ 每天使用手机的平均时长;⑤ 自认为对手机的痴迷程度;⑥ 是否因为手机和家人产生过矛盾。

结果显示：被调查高中生 100％拥有智能手机;拥有手机的原因大部分是因为同伴已经拥有,觉得自己也应该拥有一部手机;大部分学生使用手机主要是 QQ 或微信聊天、与家人联系、看影视节目、刷微博和玩游戏;大部分学生每天使用手机时长在 2—3 小时,小部分在 3 小时以上或 1 小时以内,且自认为离不开手机,但是不痴迷,还因为手机使用和家人产生过矛盾。这些数据无一不显示,引导高中生正确认识和使用手机是值得关注的重要问题。

2. 吐露心声——"手机于我就是_____"

依托周记,发起"手机于我就是_____"的内心独白,引导学生用形象的语言把自己使用手机的感受表达出来,借此来观察和了解学生使用手机的情况。在后期统计中发现了值得关注的教育点,即一部分同学特别是男生更容易依赖手机进行网络游戏,在时间上不易自控,一部分女生容易沉迷微博浏览、短视频观看,容易在观看直播中冲动消费。

(二) 丰富体验,弱化手机吸引

设计意图：基于班级很多学生对于手机的使用大多停留在刷剧、聊天、看直播等学习意义不大、时间损耗极强的事情上,设计开展系列活动,丰富学生对手机功能的认知,拓展对手机使用的视野。

1. 分享好用的手机软件

学生自由分享所知道并常用的手机软件,畅谈在手机功能演变之快的当下,手机软件给自己带来的好处。针对高中生的学习和生活需求,邀请一些信息技术水平较高的学生来教授一些软件的下载和使用方法(阐述推荐原因和使用步骤)。

2. 介绍学校平台

教师介绍学校为学生成长搭建的诸多信息化学习平台,如"知识管理""微课平台""四维评价"等特色系统,鼓励学生积极利用,助力自身学习。

(三)团队协作,对抗网游诱惑

设计意图:利用团队他律和自我约束的力量,开展"番茄钟打卡"挑战活动,努力让学生从浪费时间的网游中抽身而出。

针对部分学生每天使用手机时间过长的情况,班级开展 30 天"番茄钟打卡"挑战活动。挑战活动中,将每晚的学习时间划分,每 25 分钟为一个打卡时间段,学生两两组队(一名自律性强的学生和一个自律性较弱的同学搭配),每晚打卡竞争。每晚完成 6 个打卡为基础目标,不设上限,每周进行统计汇总,对于没有完成基础目标的小组予以惩罚,对超额完成目标的小组予以奖励。任务驱动加上奖惩机制,让小组成员有自我约束意识,同时成员间也能相互提醒、相互督促,起到他律作用。通过 30 天的打卡挑战,大部分学生的游戏自控能力都得到了较大增强,能保证学习时间中的专注和投入。

(四)家校协同,共助手机管理

设计意图:针对部分家长抱有通过强制手段制止孩子使用手机的想法,通过案例分析,引导家长对孩子手机使用树立科学的理念。

依托家长会,分享家长暴力阻止孩子使用手机带来不良后果的案例(引发激烈亲子冲突;偷偷在培训班报复性使用手机;借钱自己偷买手机等),让家长培养"不能强行禁止、但要有效引导"的家校协同共助孩子手机管理的理念。

同时,进一步分享学生和家长共同制作"四史"微课的故事,引导家长体悟手机对于孩子不是闻之色变的洪水猛兽,只要科学使用就可以成为助力孩子发展的资源。

(五) 主题讨论,提升网络道德

设计意图:通过聚焦主题,选取案例,引导学生展开对话讨论,从而让学生明确数字时代的合格公民不仅要在数字化浪潮中充分掌握先进的信息技术,更需要以规范网络言行、净化网络空间、引领与推动整个社会的思想意识提升为己任。

1. 面对网络热点,拒绝盲目

随着信息技术和自媒体的发展,通过网络我们每天都能了解这个社会上发生的大大小小的事情。一些事情经过网络会迅速传播、放大,成为网络热点事件。学生围绕"10·28重庆公交车坠江"事件进行分析讨论,教师引导学生明白虽然每个人都有自由言论的权利,但是不明真相,认为自己和正义同在,在网上发偏颇之言,会让事件负面发酵,甚至对无辜的人造成不可逆转的伤害,进而意识到面对网络热点要客观理性思考,慎独慎言,不做键盘侠。

2. 面对网络暴力,正义发声

学生观看反映网络暴力的视频《伤害》,展开小组讨论活动。教师引导学生分别从网络暴力施暴者、受害者和旁观者的角度,分析每个角色的网络行为背后的深层目的,以及粉碎负面目的的方式策略,从而启发学生明白"雪崩时没有一片雪花是无辜的"。进而倡导学生从数字公民角色出发,承担相应的社会责任,树立拒做施暴者、推波助澜者,以及勇做正义发声者的意识,提高网络道德水平,参与良好网络环境的共建。

3. 面对网络抄袭,坚决抵制

通过"丰富的网络资源,可以任意利用吗?"的主题讨论,引导学生们认识到虚拟的网络世界也离不开伦理道德作为其发展的支撑力量,因此不能利用网络便利来抄袭他人作业;在进行高中课题研究性学习中,要杜绝抄袭、剽窃他人知识产权等违德违法行为。进一步引导学生联系具体的高中生活畅谈网络使用注意事项,学习《全国青少年网络文明公约》,明确青少年上网"五要五不要",意识到畅游网络空间尤其需要自律精神,从而成长为"慎独与诚意兼具"的新时代数字公民。

五、活动效果

1. 学生自律能力得到增强

不少学生之前在使用手机上自律性较低,基本手机不离手,路上、吃饭、上

厕所、睡觉前都要使用手机。通过系列活动,学生在丰富的活动体验中,明白手机使用的利弊和科学正确使用手机的重要性,从而在内心树立合理管控手机的自律意识。

2. 学生网络道德得到提升

网络交往仍然是人与人的现实交往,网络生活也是人的真实生活,因而也必须遵守道德规范。在活动中,学生明白就算在虚拟的网络世界,也要以高度的道德品质来自我要求,正确使用网络工具,健康地进行网络交往,坚守道德风尚和公共秩序。

在高度发达的信息社会,数字素养已成为社会公众的一项基本生存能力。未来所需人才不仅需要具备扎实的专业技能,也需具有良好的信息技能和高尚、自律的网络道德,并能将三者进行深度融合。我们需引导当下的高中生,朝着信息社会的合格数字公民方向,不断成长。

(案例作者:华东理工大学附属闵行科技高级中学　王丽娜)

四、"传统文化"维度德育活动的学段衔接探索

(一) 设计要义

中小学德育一体化视域下如何设计"传统文化"维度德育活动?

中华优秀传统文化博大精深、源远流长,是中华民族的血脉,是中国人民的精神家园。文化自信是更基本、更深层、更持久的力量。中共中央办公厅国务院办公厅《关于实施中华优秀传统文化传承发展工程的意见》、教育部《完善中华优秀传统文化教育指导纲要》等都指出,对中小学生加强中华传统文化教育的重要性和紧迫性。

加强中华优秀传统文化教育,对于引导青少年学生更加全面准确地认识中华民族的历史传统、文化积淀,培养中华优秀传统文化的继承者和弘扬者,推动文化传承创新,建设社会主义先进文化具有基础作用;也有利于引导青少年学生认清中国特色社会主义的历史必然性,坚定理想信念,自觉践行社会主义核心价值观。

在中小学,以德育活动为载体进行中华优秀传统文化教育,有利于中小学生

近距离直接地感受、体验、探究传统文化,领略传统文化的魅力,从而激发传承和发展中华优秀传统文化的责任感和使命感,增强民族文化自信和价值观自信。

1. 中小学"传统文化"维度德育活动总体目标

指导学生感悟中华优秀经典所蕴含的基本知识、人文思想、行为方式、情感态度、精神价值等,走进、体验和探究地域特色的非物质文化遗产,学习和发扬革命精神和时代发展,增强文化自信,自觉传承、发展、创新中华优秀传统文化。

2. 中小学"传统文化"维度德育活动内容体系

(1) 主要内容模块

对于"传统文化"维度的主要内容模块的选取和确定,我们一方面深入贯彻相关要求(如教育部《完善中华优秀传统文化教育指导纲要》、上海市"两纲"和《中共上海市教育卫生工作委员会上海市教育委员会关于完善中华优秀传统文化教育长效机制的实施意见》等文件精神);另一方面紧密结合区域实际(即区域拥有丰富的非物质文化遗产资源,有利于学生对于传统文化的直接感受、体验和探究,且不少学校已有良好的实践基础),通过"解读国家精神→分析现实情境→诊断教育需求→表述开发目标→确定维度内容模块→解释与修正→评价与检验"的路径,综合确定了以下几个代表性模块(并不是对传统文化所有内容的全覆盖)。

传统经典。即在中华民族五千年文明历史长河中,流传至今的以经、史、子、集为代表,还涵盖了自然科学、艺术生活等的完整的文化、学术体系。

非物质文化遗产。指各族人民世代相传并视为其文化遗产组成部分的各种传统文化表现形式,以及与传统文化表现形式相关的实物和场所。包括传统口头文学以及作为其载体的语言;传统美术、书法、音乐、舞蹈、戏剧、曲艺和杂技;传统技艺、医药和历法;传统礼仪、节庆等民俗;传统体育和游艺等。

革命传统。指在中国共产党的坚强领导下,革命志士以及广大人民群众为民族解放事业英勇奋斗,他们坚韧不拔的革命精神和革命人格,是共产主义世界观、人生观、价值观的体现。

时代精神。即以改革创新为核心,在中国共产党领导下全国各族人民在建设中国特色社会主义伟大事业中体现出来的以人为本、和平发展、社会和谐、与时俱进的精神,是激励中华民族奋发图强、振兴祖国的强大精神动力。

（2）"模块—学段"内容体系

表4.9 "传统文化"维度德育活动"模块—学段"内容体系

主要模块	学 段 内 容
传统经典	**小学**：通过在活动中接触和初步学习传统经典作品,感受中华优秀传统文化的语言美、文字美。
	初中：通过活动深入感受传统经典蕴含的人文思想、精神价值,增强对中华优秀传统文化的认同度。
	高中：通过活动探究传统文化经典作品,增强对中华优秀传统文化的理性认识,增强对中华优秀传统文化的自信心。
非物质文化遗产	**小学**：参加传统礼仪和节庆活动,通过走进和了解具有地域特色的非物质文化遗产、民间艺术等,培养对传统文化的亲切感和兴趣。
	初中：了解传统节日的文化内涵和家乡生活习俗变迁,通过探究具有地域特色的非物质文化遗产,理解传统文化的价值和意义。
	高中：了解中华民族丰富的非物质文化遗产,了解传统艺术的丰富表现形式和特点,懂得传承和发展传统文化的责任和使命。
革命传统	**小学**：了解革命先辈、领袖人物的故事,了解中国共产党建立、建设新中国的光辉业绩。
	初中：了解和学习中国共产党领导各族人民在革命战争年代形成的井冈山精神、长征精神、延安精神等。
	高中：了解中国共产党是革命传统的继承者、弘扬者和创造者,懂得学习和工作中要继承和发扬革命传统。
时代精神	**小学**：了解家乡的发展变化,体会人们为了美好生活不断奋斗的精神。
	初中：从地域工业、航天科技等方面了解祖国的发展变化,感悟时代精神的巨大创造力,培养作为中华民族一员的归属感和自豪感。
	高中：认识中华文明形成的悠久历史进程,感悟中华文明在当今世界的重要地位,自觉学习和实践创新等时代精神。

3. 中小学"传统文化"维度德育活动核心理念

基于不同学段学生在本维度的发展现状和特点以及学段维度发展要求,我们认为,小学、初中、高中应遵循**"初步启蒙、认知文化→深入理解、认同文化→理性认识、增强文化自信"**的"传统文化"维度德育活动核心理念。即从小学到高中,教育要引导学生从接触中华优秀传统文化,进行初步的传统文化启蒙,形成初步的认知和了解;到引导学生加深认识、深入理解,增强对中华优秀传统文化的认同度;再到从国家发展的角度理性认识中华优秀传统文化的价值意蕴,增强文化自信,具体请见表4.10。

表 4.10 "传统文化"维度德育活动核心理念

	维度需关注的现状和特点	学段维度发展要求
小学	抽象能力还较弱,对中华优秀传统文化重要性和价值还不能深刻理解。但对诸如传统体育和游艺等非遗活动很感兴趣。	**认知文化**:通过启蒙教育,对中华优秀传统文化产生亲切感,了解中华优秀传统文化的丰富多彩。
初中	抽象认知能力、理解能力迅速发展,对中华优秀传统文化重要性和价值有了一定的理解。行为受朋辈影响大,易受外国节日等商业文化影响。	**认同文化**:培养对中华优秀传统文化的理解力,对中华优秀传统文化认同度高,培养作为中华民族一员的归属感和自豪感。
高中	已经拥有较高的抽象认知、辩证思维能力,初步形成了"三观",知识量不断增加,视野不断开阔,易受外国流行文化影响。	**增强文化自信**:理性认识中华优秀传统文化,更加全面客观地认识当代中国,看待外部世界,增强学生对中华优秀传统文化的自信心。

4. 中小学"传统文化"维度德育活动方法要点

总体上看,中华优秀传统文化教育是通过第一课堂(学校课程)、第二课堂(课外教育)和第三课堂(网络教育体系)全面实施的。而聚焦学校德育活动角度,活动的开放性和低结构性,可以打通"三个课堂",整合"三个课堂"的教育资源,发挥"三个课堂"的教育联动,实现优势互补。

前期通过调研,了解到各学段用于开展"传统文化"维度教育的德育活动样式多种多样,包括:主题班会活动、传统节庆活动、重大纪念日活动、校园节庆活动、学生社团活动、社会实践活动(包含参观问春秋游、公益服务、社会调查、职业体验、研学旅行等)、探究活动,以及团队活动等。其中,参观访问在小初高三个学段的使用频率都较高,主题班会活动在小学段和初中段使用频率较高。参观访问虽有体验的成分,但体验深度仍受制于很多方面,例如对于很多传统技艺,需要学生动手做才可能有更好的教育效果。与传统文化教育相关的主题班会活动一般来讲会囿于所处空间,且一般是活动后的总结,教育效果也会有所折扣。因此,中小学德育一体化视域下的"传统文化"德育活动设计需要更加关注德育活动样式选择和活动中教育方法的适切性,对此,我们有如表 4.11 的建议。

表 4.11 "传统文化"维度德育活动方法要点

	推荐活动样式	活动方法要点
小学	传统节庆活动、参观访问、重大纪念日活动、主题班会活动、学生社团活动、研学旅行、探究活动、校园节会活动、春秋游等	活动应寓教于乐,生活化、趣味化、儿童化,避免高、远、空,多给创造、动手做等多渠道、多感官的体验机会。
初中	传统节庆活动、参观访问、主题班会活动、重大纪念日活动、研学旅行、学生社团活动、社会调查、探究活动、校园节会活动等	从初中生的审美情趣出发,运用学生感兴趣的题材,增强活动的吸引力;创新活动形式,更好地赋予传统文化以贴近初中生实际生活的意义,以利于初中生认同传统文化。
高中	传统节庆活动、参观访问、社会调查、主题班会活动、重大纪念日活动、职业体验、研学旅行、探究活动、专题讲座、校园节会活动等	在活动中注重调动高中生的自主性、好奇心,促使高中能通过多种方式、多角度去探究感兴趣的传统文化内容,在理性认识中不断增强文化自信。

5. 中小学"传统文化"维度德育活动实施要点

(1) 活动要有高立意

深入挖掘和阐发中华优秀传统文化的本质内涵和时代价值,既注重继承传统美德、革命精神,又积极弘扬以创新为核心的时代精神;既要重视培育学生的民族自信心、自豪感,又注重引导学生树立世界眼光、博采众长。

(2) 目标要有针对性

在"传统文化"维度总目标和"学段—内容"体系指导下,基于本学段学生实际问题或发展需求,有针对性地确定每次活动的重点目标、学期目标或年段目标。德育活动的开放性和生成性并不等于没有目标的规范和预设。

(3) 内容要以小见大

要从发掘学生感兴趣的身边的传统文化资源出发,有可操作的具体抓手,让学生对看起来觉得高、远、空的传统文化,有能实实在在的接触、参与和体验的机会,从而增强教育的亲和力和生命力;同时又有充分的延展空间和包容度,能将学生自然引向对传统文化更深入、更广泛的体验和探究。

(4) 形式要有吸引力

基于学生实际、师生特长、学校资源,选择适切的活动样式。而具体到样式中所采用的方法、手段,还应积极创新、转化,融入现代元素,增强传统文化对现代学生的吸引力,而不是简单地复古、怀旧。

(5) 活动要有序列性

鼓励围绕主题形成系列性的设计,体现年段特点,体现教育的层次性、延续性、系统性,使学生获得更丰富、更立体、更深度的文化浸润。

(6) 教师应加强相关学习

相关指导教师除了活动中遵照配套的教师指导要求,还应在平时多接触、学习中华优秀传统文化,增加自身的相关知识储备和人文底蕴,还可通过如中国诗词大会、中国成语大会等途径提高传统文化教育敏感性。

(二) 小初高衔接实践——以"清明节"主题教育活动为例

在中小学德育一体化视域下,本书作者所在区域围绕传统文化教育重要内容模块,开展了中华传统节日教育活动、非遗教育活动、线上"云游博物馆"活动等方面的小初高衔接探索实践。聚焦中华传统节日教育,推出了春节、元宵、清明、端午和中秋的德育活动案例成果书籍《校园里的中华传统"节"语》。

下面呈现的是关于清明节的三个学段的活动案例,围绕"在缅怀中拥抱新生"的清明节活动教育定位,小初高三个学段各有侧重、螺旋上升地设计和开展活动,引导学生感受清明节所蕴含的人间的亲和,以及人和大自然间的亲和。

小学的案例以游戏化、多样化的清明节民俗活动为抓手,引领学生真正喜欢上中国的传统节日,在活动中初步体会清明节在自然层面的万象更新,以及在人们情感层面的深切寄托(**初步启蒙,认知文化**)。

初中的案例则通过涉及不同学科、不同感官学习的活动方式,引导学生从更广阔、更深入的视角看待清明节的传统、习俗及背后的重要意义,理解其对于中华民族千百年来的精神价值,提升对中华优秀传统文化的认同度,并使之成为个人行为的重要导引力量（**深入理解，认同文化**）。

高中的案例则更注重体现学生的自主性，采用自主探究、调查、辩论等形式，引导学生科学看待传统节日所蕴含的多层次、多角度的文化内涵，以及文化的传承与不断发展，在文化自信中学会关心社会，自觉增强社会责任感和使命感（**理性认识，增强文化自信**）。

· 小学案例

清明传统印童心　文化探寻游闵行

清明节是我国重要的传统节日，也是中国的二十四节气之一。此时正是春耕春种的大好时节，故有"清明前后，种瓜点豆""植树造林，莫过清明"的农谚，可见这个节气与我们的生活息息相关。清明节，还叫踏青节，因为清明节前后正是春光明媚、草木吐绿的时节，正是人们春游的好时候。清明节也是一个祭祀祖先的节日，扫墓是清明节的传统活动。

2021年恰逢建党100周年，为引导我校学生进一步了解清明节这个中华民族传统节日，弘扬民族传统文化，探寻老闵行区域文化特色，传承革命先烈的传统美德，从学校德育活动角度出发，基于区域所提出的"初步启蒙、认知文化→深入理解、认同文化→理性认识、增强文化自信"的"传统文化"维度德育活动核心理念，我校特开展了"清明传统印童心　文化探寻游闵行"清明节主题教育活动，希望以游戏化、多样化的清明节民俗活动为抓手，引领学生真正喜欢上中国的传统节日，在活动中初步体会清明节在自然层面的万象更新，以及在人们情感层面的深切寄托。

一、活动目的

1. 通过中华传统节日故事讲演、古诗词吟诵、英烈故事诵读、二十四节气农谚学习等分年段主题活动，让学生进一步了解中华传统节日清明节的文化，继承中华传统美德。

2. 通过亲手包青团、吃青团活动，让学生感受寒食节的饮食习惯，通过斗鸡、蹴鞠等传统游戏，以及插柳植绿、放风筝等传统风俗，体验清明节的风俗习惯。

3. 利用闵行小学五大校外社会实践基地的资源,通过开展文化探寻踏青活动,加深对老闵行的了解和认识,通过悼念逝者、祭奠革命先烈,引导学生缅怀过去、感恩生活,激发学生热爱生活、热爱学习、热爱家乡的情怀。

二、活动时间

3月中旬—4月中旬

三、活动内容及形式

(一) 清明知识知多少,经典阅读润心灵

1. 各班围绕"清明节",利用午会课时间,让学生通过各种途径搜集清明节的来历和习俗,有关清明节的诗词和故事,以及抗日英雄的故事。

2. 各班对"中华传统文化"黑板报专栏进行布置,将学生搜集的资料进行展示。

3. 开展"清明知识知多少,经典阅读润心灵"主题班会活动,主题班会活动根据不同年级设定不同的主题,分别为:

"清明知识知多少,经典阅读润心灵"主题班会活动			
年段	内 容	要 求	评价方式
一年级	清明节古诗词吟诵会	找一找、诵一诵、画一画,感受清明时节的大好风光。	1.《传统节日体验馆通行证》自评、互评、家长评。 2. 评选"传统节日知识王"。 3. 评选班级优秀作品并展示。
二年级	清明节日故事会	找一找、读一读、讲一讲,了解清明节的来历。	
三年级	二十四节气农谚、童谣传唱会	找一找、说一说、唱一唱,知道清明节与人们生活的息息相关。	
四年级	英烈故事诵读会	找一找、读一读、写一写,体会烈士的革命精神。	
五年级	各地风俗交流会	找一找、议一议、比一比,了解中华传统文化的博大精深。	

(二) 传统习俗我感受,文化体验长见识

1. 清明节的习俗是丰富有趣的,为此分年级开展丰富的体验活动。

"传统习俗我感受·文化体验长见识"实践活动			
年段	内　容	要　　求	评价方式
一年级	斗鸡游戏	2人一组，班级初选，年级决赛	1.《传统节日体验馆通行证》自评、互评、家长评。 2. 评选"传统节日实践王"。 3. 评选班级优秀作品并展示。
二年级	踢蹴鞠比赛	6男6女一组，班级初赛，年级决赛	
三年级	植绿盆栽小制作	每人1份	
四年级	插柳	种植小树苗	
五年级	DIY做纸鸢	每人1份	

2. 各班学生通过书签制作呈现清明节主题活动内容。

（三）结伴踏青游闵行，文化探寻忆追思

1. 各班开展"网上祭英烈"活动，进行网上祭拜、献花、留言。

2. 利用清明小长假，各年级分地点开展雏鹰假日小队活动。

"结伴踏青游闵行·文化探寻忆追思"小队行动			
年段	内　容	要　　求	评价方式
一年级	红园话红旗	探寻红园的名称由来； 学习认识党旗、国旗、军旗、团旗和队旗； 《我的江川印象》绘画日记。	1.《传统节日体验馆通行证》自评、互评、家长评。 2. 评选"传统节日合作王"。 3. 评选班级优秀作品并展示。
二年级	香樟一条街见证我入队	探寻香樟一条街的名称由来； 学习入队知识，入队集结号行动； 《我的江川印象》绘画日记。	
三年级	紫藤园与小树交朋友	探寻紫藤园的名称由来； 开展护绿清扫行动； 《我的江川印象》小报。	
四年级	韩湘水博园话追思	探寻韩湘水博园名称的由来； 放飞"孔明灯"缅怀先烈、怀念已故亲人； 《我的江川印象》小报。	
五年级	荣誉军人疗养院做访谈	探寻荣誉军人疗养院名称的由来； 选择一位军人听他讲述革命故事； 《我的江川印象》采访报道。	

四、活动要求

1. 各班主任要进一步对各主题活动作出部署,结合年级主题筹备班级特色活动,并认真组织学生积极参加,做好各方面的充分准备。

2. 落实安全措施,对学生进行活动中的安全文明教育,确保清明节主题系列活动文明、安全开展。

3. 各班主任以照片、文字等方式做好活动过程性记录与评价工作。

4. 发挥小队活动的优势,开展丰富多彩的小队活动,增强学生的积极性、主动性。

五、活动掠影

清明时节,春光明媚,草木吐绿。阳光下的校园里,风筝在天空中飞翔;绿绿的草坪上,有同学在玩着斗鸡游戏;广阔的操场上,男生们进行着足球比赛;和小伙伴们一起插柳植绿,种植小盆栽,放在教室里既美化环境,又愉悦身心……这些可都是清明节的传统习俗。

当然,清明节怎么可以少得了青团呢?我们通过亲手包青团、吃青团,知道了寒食节。不仅如此,还学到了清明的很多农谚呢!如:"春分早,谷雨迟,清明种棉正当时。寒食撒花,谷雨种瓜。清明高粱谷雨花(棉),谷子播种到立夏。"

清明节也是一个缅怀祖先、向先烈致敬的节日。我们利用小队活动,开始了老闵行文化探寻踏青之旅。我们来到荣誉军人疗养院做采访,听着那些老革命军人讲述一个个生动而壮烈的革命故事,我们都入迷了。革命英雄真是了不起,他们用生命换来我们今天的美好生活!

——五年级学生

(案例作者:上海市闵行区中心小学　丁丽莉)

· 初中案例

感怀清明　追寻文化记忆

清明的文化和精神生生不息、历久弥新,它既是二十四节气之一,是古代劳动人民科学智慧的体现；也是中国传统节日，其由来、历史演变、习俗和内涵都体现了传统文化与精神。但现代社会中西文化不断融合和发展的时代背景下，初中生往往对清明传统文化缺少足够的认知，因而无法达到对清明传统文化的真正认同。

从学校德育活动角度出发，基于区域所提出的"初步启蒙、认知文化→深入理解、认同文化→理性认识、增强文化自信"的"传统文化"维度德育活动核心理念，我们意图通过各年级层次化的活动，以丰富多元的活动形式和内容，引导学生走近清明节，深入了解清明节的文化内涵，增强学生的文化认同度。

一、活动目的

1. 通过对清明文化的学习与探究、清明习俗的体验，引导学生深入了解清明节的由来和其所蕴含的传统文化，增强对中华优秀传统文化的认同感。

2. 通过网上祭英烈、红色教育基地社会实践等活动，引导学生深入理解清明节缅怀先烈、追思故人的人文传统，并以此导引学生关心社会，增强使命感和责任意识。

3. 通过跨学科、项目化的活动方式，培养学生以综合、多元的视角深入学习和探究中华优秀传统文化的思维品质和核心素养。

二、活动时间

3 月中旬—4 月中旬

三、系列活动

（一）活动预热（全校）

1."网上祭英烈"

每名学生参与一次清明"网上祭英烈"活动，缅怀先烈事迹，传承先烈精神。

2. 清明主题黑板报

以班级为单位，出一期符合各年级主题(六年级：清明知识知多少、七年级：清明习俗大体验、八年级：清明追思明责任)的清明节黑板报，评选各年级的一、二、三等奖。

——中小学德育一体化视域下的学生发展重点维度德育活动设计要义与实践

（二）分年级活动

1.清明文化知多少（六年级）

结合六年级学生年龄较小、对清明节文化缺乏较深入理解的情况，活动主题定为"清明文化知多少"，主要包括清明小报制作和清明诗歌展演会两个活动。

(1) 清明节小报制作

组织六年级全体学生，以"必备＋自选"的形式进行清明节小报制作，以此引导学生多角度深入了解清明节。"必备"即小报必须包含"清明节的由来""清明习俗""清明的故事""清明诗歌"几个版块；"自选"即在必备版块基础上，同时还可自行另选角度，设计清明相关的小报自选内容。

年级组内进行评优，评出一、二、三等奖若干。优秀小报在年级宣传墙上加以展示。

(2) 清明诗歌展演会

清明诗歌展演会是指以清明诗歌为主题，围绕诗歌内容、情感，以及诗歌背后的故事，进行结合吟诵、演唱、配乐、戏剧演绎等形式的展演活动。每班至少完成一个展演节目，参演人数 3—10 人，时长不超过 5 分钟。

例 1：清明（宋 黄庭坚）

佳节清明桃李笑，野田荒冢只生愁。雷惊天地龙蛇蛰，雨足郊原草木柔。

人乞祭余骄妾妇，士甘焚死不公侯。贤愚千载知谁是，满眼蓬蒿共一丘。

情景剧：清明的由来——介子推的故事。（春秋时期，晋国公子重耳逃亡在外，跟随他的介子推不惜从自己的腿上割下一块肉让他充饥。重耳即位后忘了介子推，介子推不慕名利隐居绵山。重耳追悔莫及，火烧绵山以迫使介子推出山，事后却发现介子推背着老母死在一棵枯柳下。）

例 2：寒食（唐 韩翃）

春城无处不飞花，寒食东风御柳斜。

日暮汉宫传蜡烛，轻烟散入五侯家。

情景剧：寒食与清明的区别。

寒食节又叫"禁烟节""冷节"，时间在清明节前一二日。那天要禁烟火，只吃冷食。后来发展出了祭扫、踏青、秋千、蹴鞠、牵勾、斗卵等风俗活动，一度是民间第一大祭日。寒食节的起源是为了纪念春秋时晋国的大臣介子推。清明节，古代清明节在冬至后约 106 天，是二十四节气之一，主要用于辅助农耕。到了明清时期，"清明"称呼多于"寒食"，渐渐取代了寒食节。后来寒食节的祭祖等习俗与清明节合并，寒食节渐渐被遗忘。到现代，如山西、山东的一些地方，还有禁火或食冷的习俗。

例 3：采桑子·清明上巳西湖好（宋　欧阳修）

清明上巳西湖好，满目繁华。争道谁家。绿柳朱轮走钿车。游人日暮相将去，醒醉喧哗。路转堤斜。直到城头总是花。

例 4：清明（唐　杜牧）

清明时节雨纷纷，路上行人欲断魂。

借问酒家何处有，牧童遥指杏花村。

情景剧：清明节两大习俗——祭扫、踏春。

两组人各自吟唱上场，祭扫和踏春，两种不同的情感、不同的习俗，很自然地结合在了老百姓的清明生活中。体现传统节日内涵的丰富性。

2. 清明习俗大体验（七年级）

清明节的习俗多姿多彩，在七年级"**清明习俗大体验**"活动中，选取了学生们喜欢的"风筝的制作和放飞"及"清明美食调查和制作"两个小活动，都以跨学科的方式来进行，以丰富学生的活动体验。

（1）风筝的制作和放飞

活动旨在让学生通过做风筝、放风筝的实验、体验，走近清明文化习俗，走进大自然，感受传统文化对自然的关注。过程如下：

① 利用美术课，各个班进行风筝的设计、制作与美化。以 3—4 人为一个小组，制作一个风筝。（活动前年级统一购买风筝的制作工具）

② 全年级统一时间,利用体育活动课,进行风筝的放飞活动。每组学生都可以在操场放飞自己亲手制作的风筝。每班选出 3 只风筝,参加年级组的放飞比赛。

③ 年级组结合两项比赛,分别评选"最美风筝奖"和"最佳放飞奖",其中最美风筝在年级宣传栏进行上墙展示。

(2) 清明美食调查和制作

活动旨在让学生通过对清明时令美食的调查,以及制作简单的清明时令美食,加深对清明节所蕴含的物质和精神文化的认识和体会。过程如下:

① 清明美食大调查

清明节正值春天万物生长的最好时期,时令的蔬菜水果很多,如芥菜、香椿、马兰头、枇杷等。学生结合生物学科所学知识,设计调查表,介绍 1 种清明时节的蔬果,从名称、科目、外形特征、生长习性、食用价值等方面进行调查和探究。

② 清明美食动手做

要求学生根据自己之前在"美食大调查"中熟悉的时令蔬果,制作一道简单的时令美食,与家人共同食用分享,并拍照上传相关照片,作为家庭劳动的成果。本活动结合年级组劳动教育"我是小大厨"主题活动进行,劳技课上教师进行必要的指导,学生回家动手实践。

3. 清明追思明责任(八年级)

八年级学生年纪渐长,对自我的要求和应担当的社会责任更加明确,本年级活动契合建党 100 周年,主题确立为**"清明追思明责任"**。通过走访红色教育基地、走进军营,让学生了解革命历史,致敬和缅怀革命先烈,激发爱国热情、增强责任意识。活动过程主要包括:

(1) 走访红色教育基地(年级统一活动)

各班通过学生小组形式,以 8—12 人为一小组,进行课外社会考察。学生通过走访革命纪念馆、博物馆、烈士陵园等红色教育基地,围绕"重温历史 致敬英雄"主题要求完成研学报告,了解中国共产党的百年历史,缅怀革命先烈事迹,传承革命先烈精神,培养历史责任感和使命感。

(2) 走进红色军营(部分学生)

学校与共建单位 95958 部队联合组织"学党史、敬先辈、从军行"主题教育活动。活动中,40 位师生走进军营,听部队教员讲授党史、军史,讲述革命英雄的故事,深切缅怀革命先烈;参观军营,体会军队铁一般的纪律;观看官兵警卫拳、应急处理突发事件演练,感受战士们保家卫国的决心和意志。学生们也为官兵系上红领巾、送上手抄报、赠送红色书籍,表达自己的敬仰之情。

(三)校级总结与展示

1. 追思红歌班班唱

以班级为单位,自选追思先烈的红色歌曲,全校进行红歌比赛。在歌声中充分调动学生的情绪、情感,让学生在歌声中追忆故去的英雄,感受爱国的激情,深刻领会清明节慎终追远、饮水思源的情怀。

2. 主题升旗仪式

利用升旗仪式,进行清明节主题教育总结,结合各项年级活动,进行活动总结和优秀项目的校级展示。

四、活动反思

清明节作为传统节日,其形成、演变和相关习俗都体现了传统文化的丰富内涵。本次活动围绕"清明节"主题,从活动预热、年级活动设计和校级总结展示三个层面展开,形成主题明确、层次鲜明、符合不同年龄学生特征的系列活动,丰富的活动内容和学习形式,有利于增进学生对清明节文化的理解、认同,深化民族精神的继承与发扬。

六年级活动以了解清明节的相关文化背景为设计出发点,让学生收集资料,通过制作小报、改编展演等形式,介绍清明节知识,从而增加对清明节文化的了解和认识;七年级学生通过风筝制作与放飞、美食调查与制作,真实体验清明习俗,感受传统文化的魅力,增强学生对传统文化的兴趣,加深理解;八年级学生通过社会实践,走访红色教育基地,深植红色基因,传承革命先烈精神,在缅怀、继承中,达成对清明节追忆先烈、祭奠先人的文化和思想内涵的认同。

同时,在活动中,我们注重各环节的展示、交流和评比,给学生创设不同层次的展示舞台,进一步提高学生的参与度与积极性,也增强了活动的趣味性和有效性,从而让更多的学生更愿意主动走近传统文化。

(案例作者:上海市实验学校西校 李铮怡)

春风里的清明节：缅怀·新生

每逢清明倍思亲，一年一度的清明节，传统的主题是祭祀祖先与郊游踏青。在这个特殊的节日里，人们纷纷走出家门，或捧一束鲜花呈放在先人墓前，寄托哀思，或携家人亲友踏青郊游，享受自然的清新美好。然而，对于现在的高中生而言，只知过节，享受清明节假期的休闲时光，却大多不知为何过节，甚至不知怎么过节，享受不到传统文化的熏陶。

从学校德育活动角度出发，基于区域所提出的"初步启蒙、认知文化→深入理解、认同文化→理性认识、增强文化自信"的"传统文化"维度德育活动核心理念，我们通过自主探究、调查、辩论等形式的活动，力图引导学生科学看待传统节日所蕴含的多层次、多角度的文化内涵，以及文化的传承与不断发展，并在缅怀中引发对生命的感悟与思索，追求人与自然的交融，懂得感恩，敬畏生命。

一、活动目标

1. 通过调查、收集、整理资料，了解清明节的由来及其蕴含的传统文化。

2. 从清明节的习俗、饮食文化入手，引导学生科学看待传统节日所蕴含的多层次、多角度的文化内涵。

3. 通过缅怀先人，瞻仰遗迹等实践活动，感悟慎终追远、饮水思源的情怀，培养学生传承文明，感恩孝亲、缅怀英烈的思想情感。

4. 通过问卷调查探究我们现在怎么过清明节，了解清明文化的传承与发展，培养社会责任感和使命感，增强文化自信。

5. 践行植树、踏青等一系列风俗体育活动，追忆先人的同时，体会人与自然的交融，激活自己的生命热情。

二、系列活动

（一）诗情画意话清明

1. 活动准备

（1）查阅资料，收集、整理清明节由来和传统的文字材料、音频、影像资料，制作幻灯片。

（2）收集、整理历代有关清明的诗歌、文章。

（3）出一期以"清明"为主题的黑板报。

（4）以"梨花风起又清明"为题，写一篇作文。

2. 活动形式

"诗情画意话清明"主题班会活动。

3. 活动过程

（1）讲述：用幻灯片、视频讲述清明节的由来和传统。

（2）诗文朗诵会：围绕"清明"主题，举办一次诗文品读活动，品读《梨花风起又清明》优秀文章。

（3）辨析：节日清明和节气清明。

春雨惊春清谷天，清明是春季的一个节气。它不是某一天，而是一段时间，所以又叫清明时节。清明之前是春分，之后是谷雨，正是春暖花开万物生长之时。这时，大家就出去踏青，迎接新生命周期的开始。大家知道，传统上我们是以农业为主的民族。对农业民族来说，春天是播种的季节，播种希望也播种幸福。这个时候，人们就会走向田野，向上苍祈祷我们民族的繁荣兴旺，同时放松自己，亲近自然。因此，清明又叫踏青节。到春秋晋文公以后，清明前一两天又有寒食节。另外一个内容就是祭扫，就是扫墓，纪念先祖。越到后来，祭奠先祖的意义就变得越来越强烈。这也是我们通常理解的清明节。

（4）讨论：祭祀祖先、缅怀先人与郊游踏青、赏花插柳活动矛盾吗？背后蕴含着什么内涵与意义？

清明的文化是农耕社会自然积累形成的，人们把自己各式各样的理想、愿望、情感往这里安放。千百年来人们主要放进了两样东西，一个是人间的亲和，一个是人和大自然的亲和。它是大自然运行过程中一个重要的节气,也是人们生活中一个重要的节点。清明文化中,人间的内容是对先人的怀念。在春天刚刚到来的时候,农忙还没有开始,人静下心来思念自己的亲人,而且是在春天这个美好的日子里。清明节里很重要的另一个内容就是对美好人间的追求,也就是对大自然的追求、人和自然的亲和,插柳、蹴鞠等都表现了人和自然的亲近。这些习俗表达了中华民族的生活理念和精神特质,是我们民族文化血脉的根基和身份标识。

4. 活动预期效果

了解清明的来历及风俗习惯,增强学生的文学素养,重新审视清明节的生命内涵,引发学生对生命的思考,提高学生对清明节的文化认知。

(二) 舌尖上的清明

1. 活动准备

(1) 查阅资料,了解上海以及近郊地区的清明节的传统饮食习俗。

(2) 在七宝、邵家楼等古镇寻找地道上海青团制作作坊。

(3) 查阅相关资料,了解清明节吃青团背后的文化内涵,探究中国传统节日与美食的密切关系。

2. 活动形式

调查研究、实践活动。

3. 活动过程

(1) 查阅资料,了解上海附近地区的清明节传统美食,了解青团等时令糕点的制作流程。

(2) 动手做一做:有条件的同学跟家中长辈采艾草、揉米粉,亲手制作青团等清明节美食,并以照片、影音资料形式记录,与同学共享美好时刻。

(3) 动手拍一拍:在闵行的相关古镇拍摄一段有关清明食品的微视频。

(4) 撰写探究报告:《时令美食背后的文化传统》。(传统节日的许多美食佳肴都有一定的象征寓意,比如过春节时的饺子和年糕、中秋的月饼、清明的青团、端午的粽子……大多适合时令,因时而设、应季而生,探究节日的美食传统可以从物质文化层面挖掘传统节日的文化内涵。)

4.活动预期效果

从习俗、特有食谱角度切入,突出趣味性,挖掘利用家庭资源和本土传统文化特色资源,多层次、多角度引导学生科学看待清明节的魅力。

(三) 郊游踏青过清明

1.活动内容

(1) 设计一份闵行近郊赏花踏青游览路线图。

(2) 班委团委组织一次到莘庄公园、闵行体育公园、七宝、召稼楼等地踏青游玩活动,做好活动记录,并留下活动影像资料。

(3) 围绕"春光"主题进行一次摄影展,在班级团角展出。

2.活动预期效果

清明时节,万物更新、春意盎然。"梨花风起正清明,游子寻春半出城。日暮笙歌收拾去,万株杨柳属流莺。"这首广为流传的清明诗,道出的是人们郊游踏春、融入自然的轻松惬意。通过这样的活动,让学生学会对自然生命的欣赏,同时也是对自我生命复苏、延续的感受与体悟,是珍惜生命的积极行为。

(四) 春来话清明

1.活动准备

(1) 根据前期对清明节的理解,重新认知,给自己及家人设计一份既有时代气息又不失传统的清明节活动方案。

(2) 查阅整理"我的家谱",尝试写一篇祭文,要求学生参与家中的清明祭扫活动,并记述自己在过程中的见解或感受。

(3) 班级团委制作清明节祭扫英烈的活动倡议书,在清明节期间组织一次团队活动。可以分组分地点活动(包括闵行烈士陵园、龙华烈士陵园,或者附近名人先贤遗迹展馆),也可以参与"网上祭英烈"活动。

(4) 开展一次清明节文明祭扫情况、祭扫新方式情况实地调查研究。

2.活动形式

综合实践、调查研究、主题班会活动。

3.活动过程

(1) 参与家庭清明节祭扫活动,记录自己的真实感受。

（2）团员参加团委组织的团队活动,团支书及时记录总结。

（3）参与调查实践的学生汇总资料,完成调查报告。

（4）举行"春来话清明"主题班会活动。

附：主题班会活动过程

· ·

"春来话清明"主题班会活动

一、缅怀、感恩

1.展示优秀的清明节活动方案,并让学生讲述家庭祭扫活动感受;

2.晒家谱,读祭文：了解过去,感恩励己,面向未来。

二、饮水、思源

1.团支书总结清明节祭扫英烈情况。

2.交流自己祭扫英烈的感受。

3.讨论"网上祭英烈"等活动的意义。

三、文明祭扫之我见

调查研究小组汇报调查成果。

四、敬畏、尊重

思考讨论：祭扫的背后是国人佑生的愿望,探讨清明节的生命意义。

小结：清明节试图来处理生与死的联系、连接、沟通,接触到对人的终极关怀,是集中体现中华民族的生命精神、最富有生命意识的中华传统节日。一面感受"生死两茫茫"的悲怆,感念生我育我的恩泽,同时让人们停下行色匆匆的人生脚步,伫立面对死亡,思考人生的价值和生命的意义。在生死的感悟中,灵魂震撼,受到洗礼和净化。中华民族的亲情情结、敬祖意识、感恩心理、天人观念,在清明节可以得到充分张扬。祭奠亲人的扫墓活动、祭祀祖先和民族始祖的祭祖活动,现已发展到缅怀革命先烈、圣贤英杰,包括民族英雄、杰出历史人物。那些为国为民作出贡献的人——哪怕他们只是普通人中的一员——也同样得到人们的祭奠,这反映出中国社会和人们观念在不断发展进步。无论清明节祭奠的形式、内容、对象怎样变化,其核心精神总是一脉相承的。中国人对清明文化精神的追求从来没有改变。

清明时节,万物更新、春意盎然,经过了漫长的严寒之后,人们终于可以在春光之中外出踏青,感受生命的美好。因此,我国自古便有清明节踏青和开展多种体育活动的习俗,登山、拔河、荡秋千、放风筝等等活动成为清明节不可或缺的文化元素。通过种种亲近自然的户外活动,人们也表达出对现实生活的热爱。人为万物之灵长,亲近自然是人的本性。在与自然密切交流中,人们又感知到生命的发生与死亡是一个相依相存、相接相续的自然过程。生命的躯体可以生死,生命的力量却不息永生,由此人们在自然的春天感念着亡故的祖先,以追悼纪念的仪式召唤着生命的力量。

既赞颂生命、追求生活,又追寻先人、寄托哀思;既有欢乐赏春的气氛,又传达慎终追远的感伤;既是一派清新明丽的生活景象,又处处体现着生离死别的悲痛……清明节成了这样一个百感交集的日子。

4. 活动预期效果

生命稍纵即逝,清明节传递的不仅仅是对逝者的缅怀,还有对生命的庄严思考。作为高中生,理当在祭扫先人、追思先人的过程中,学会珍惜当下、珍惜生命,意识到生命的可贵。通过上述一系列活动,引导学生学习历史、传承文化、缅怀先烈、向往未来,学会感恩、学会向生命致敬。

三、系列活动收获预期表达形式

调查报告

活动的体会

学生研究成果(如文字、网页、幻灯片、展板等)

活动照片

两堂班会活动课、一期黑板报

四、活动相关资料来源

中国文明网、民族魂网、血铸中华网、我们的文明网等。

(案例作者:上海市闵行第三中学　陈巧英)

五、"生涯意识"维度德育活动的学段衔接探索

(一) 设计要义

中小学德育一体化视域下如何设计"生涯意识"维度德育活动?

国家和上海市《中长期教育改革和发展规划纲要(2010—2020 年)》的核心理念是为了每一个学生的终身发展。生涯教育引导学生把个人梦与中国梦结合起来,培养敢于担当的胸怀和气度,"内图立足个性之发展,外图贡献于社会"。生涯教育不仅有助于学生的升学和就业,更为显著的是优化学生个体的人生状态和发展规划,从而激发学生的学习动力,让学生从人生发展角度思考当前的学习生活,不断完善自己,以从容之姿应对 21 世纪的公民生活和职业世界。

中小学生涯发展教育主要通过生涯教育课程、生涯教育活动、生涯发展辅导等多途径进行。在活动层面,通过多种形式的生涯规划德育活动,如主题班会活动、校园节(会)、职业体验、综合实践、社团活动等,有助于让学生在实践与体验中,初步认识职业、了解职业,发现和培养职业兴趣,思考不同社会角色所承担的责任,认识到人生价值和意义,进而结合自身实际情况,尝试进行生涯规划。

1. 中小学"生涯意识"维度德育活动总体目标

指导学生认识和发现自我价值,主动开发自身潜能,理解生涯意义,学会有效管理自己的学习和生活,增强生涯发展的基本技能,养成科学的职业价值观与终身学习观,帮助学生发展成为有明确人生方向和有生活品质的人。

2. 中小学"生涯意识"维度德育活动内容体系

(1) 主要内容模块

对于"生涯规划"维度主要内容模块的确定,主要依据国务院办公厅印发的《关于新时代推进普通高中育人方式改革的指导意见》、上海市教育委员会《关于加强中小学生涯教育的指导意见》等相关政策要求,同时基于区域实情,结合前期本书作者所在区域制定的《闵行区中小学生涯教育若干建议》,综合研判形成以下适合本区的代表性模块,并确定其教育内涵。

自我发展。指基于对自己的正确认识,欣赏并发展自己的兴趣、个性、能力、特长,自信地展示自己、悦纳自己,学会与人合作共事,认识人生不同阶段所具有的不同角色。

学业规划。指在学习的各阶段,依据个人的优势与劣势,培养学习动机,了解自己的学习风格,科学有效地管理自己的学习任务,培养自主学习能力,并对升学或就业作出合理抉择,制订相应学习计划等。

职业探索。指了解专业、职业与就业等相关信息,认识职场世界趋势,开阔职业发展视野,评估职业发展机会,探索适合自身的专业学习、职业发展方向,尝试进行相应规划。

(2)"模块—学段"内容体系

表 4.12 "生涯意识"维度德育活动"模块—学段"内容体系

主要模块	学 段 内 容
自我发展	**小学**:了解自己的兴趣和爱好,自信地展示个人的兴趣爱好,表现自己的长处和能力,悦纳自己。
	初中:了解并识别自己诚实、正直、有责任心等正面品质;发现、理解并接受自己在生理、心理、能力等方面的改变,理解他人对自己评价的变化。
	高中:欣赏并发展自己的兴趣、个性、能力、特长;认识人生不同阶段所具有的不同角色,认识到人生价值和意义。
学业规划	**小学**:分析个人在各学科的优势与劣势,知晓能力、努力和成就之间的关系,了解分析个人学习行为及其效率,制订一个改进学习的行动计划;了解小学升入初中的基本情况,以及升学后面临的变化,做好适应变化的准备。
	初中:学会承担学习责任,分析学习动机,识别学习方式,理解学习与增加知识和增强能力之间的关系,合理评估学业成绩、学习能力等,改进学习行动计划,培养优秀学习品质。
	高中:了解高中学业、大学专业及工作就业之间的关系,增强学习动机;评估学业与能力水平,分析自身特点,对升学或就业作出合理抉择,制订相应学习计划;了解升学或就业所应具备的条件,明确相关的手续、步骤及细节。
职业探索	**小学**:了解身边人的职业分类及其对各自职业的满意度和工作的重要性;初步分析自己喜欢的职业类型;了解个人目前的学习对自己未来理想职业的影响。

主要模块	学　段　内　容
职业探索	**初中**：分析当前学习与升学（普高或职高）之间的关系，能够作出较合理抉择；拓展对社会分工、职业角色的体验与认识，学会利用相关信息与资料，根据自身特点，探究个人生涯发展，并能制订相应的行动计划。
	高中：掌握大学专业、职业与就业等相关信息的收集方法；利用社会资源，探索适合自身的职业方向；思考不同社会角色所承担的责任，认识职业选择与生活方式之间的相互关系及影响；学习从多方面评估职业发展机会，结合自身实际情况，尝试进行生涯规划。

3. 中小学"生涯意识"维度德育活动核心理念

基于不同学段学生生涯意识现状、特点，以及学段生涯意识发展要求，我们认为，小学、初中、高中应确立**"面向未来：启蒙→探索→选择"**的"生涯意识"维度德育活动核心理念。即生涯教育的最终目标是指向学生的未来，应从学生的终身发展视角思考当前的各学段教育。从小学到高中，生涯教育要引导学生从活动的启蒙中，发现并了解自身的兴趣爱好，形成基本的社会职业认知和人际交往能力；到通过活动中的探索，拓展自我认识、对社会分工、职业角色，以及对高一级学校的认识，培养合作能力、学习能力、生活适应能力和初步的生涯规划能力；再到通过活动增强学业和生涯决策和管理能力，深化自我认识，激发发展潜能。具体请见表 4.13。

表 4.13　"生涯意识"维度德育活动核心理念

	维度需关注的现状和特点	学段维度发展要求
小学	小学生在生涯发展阶段处于成长期，又称"职业幻想期"，好奇心较强，兴趣较广，对观察、模仿、游戏体验等生涯教育活动形式感兴趣。	**启蒙自主发展意识**：此阶段主要围绕以自我概念的形成和生涯意识的培养为主要目标，提高学习的自主性、自觉性，启蒙生涯发展的自主意识。
初中	初中生在生涯发展阶段处于成长期向探索期的过渡期，又称"职业理想期"。视野不断扩展，自我意识不断增强。	**探究生涯角色**：建立正向的自我概念；培养能力、意志品质；把握升学选择的方向，树立初期生涯发展目标。

	维度需关注的现状和特点	学段维度发展要求
高中	高中生在生涯发展阶段处于探索期，"职业尝试期"。高中是"三观"和自我同一性形成的关键时期，高中生开始认识自己的现在与未来在社会生活中的关系。	**拓展生涯抉择能力**：在多种机会中探索自我，进行自我观念修正；通过对生涯角色的试探，逐步确定职业偏好，选择适合自己发展的方向和路径，并在选定领域中开始起步。

4. 中小学"生涯意识"维度德育活动方法要点

通过前期的调研发现，生涯教育中，小学、初中、高中利用较多的德育活动样式包括职业体验、研学旅行、社会调查、主题班会活动、公益服务、春秋游活动、心理专题活动、学生社团活动等。为了提高相关活动开展的科学性、针对性，增强活动的生涯教育实效，必须结合学生特点和教育规律，在生涯意识维度活动核心理念基础上，形成方法层面的系统的、整体的各学段指导意见。对此，我们给出了开展"生涯意识"德育活动的推荐活动样式，以及活动方法要点，供学校、教师选择和使用，详见表 4.14。

表 4.14 "生涯意识"维度德育活动方法要点

	推荐德育活动样式	德育活动方法要点
小学	职业体验、主题班会活动、学生社团活动、社会调查、公益服务、心理专题活动、春秋游活动等	小学段活动可采用模仿、体验、游戏等符合小学生认知和接受特点的教育方法，并注重鼓励性的反馈，提高活动的趣味性、互动性，增强吸引力。
初中	职业体验、高中校园开放日活动、中职校体验日活动、公益服务、社会调查、主题班会活动、心理专题活动、学生社团活动、研学旅行、春秋游活动等	初中段活动应注重体验性，可通过任务单、活动后的分享等引导学生通过实践上的亲历获得心理上的深度体验、感悟。还应综合多方资源，提供更多的生涯探索和体验机会。以初中学生综合素质评价为指导，可结合综合实践活动课程进行。
高中	职业体验、社会调查、公益服务、大学开放日活动、心理专题活动、主题班会活动、研学旅行、学生社团活动等	高中段活动应注重活动的层次性、针对性和丰富性，更好地满足不同类型学生的生涯发展需求。以高中学生综合素质评价为指导，可以志愿服务（公益劳动）、研究性学习等学习实践活动为载体进行。

5. 中小学"生涯意识"维度德育活动实施要点

(1) 以树立正确导向为主旨

中小学生正处于世界观、人生观和价值观形成的重要时期，生涯规划德育活动应体现对学生的人生目标和人生态度的导向,体现理想、信念、世界观对于职业价值观的正面影响,引导学生在追求个人价值实现的过程中促进祖国、社会的繁荣与发展。

(2) 目标凸显长、中、短期作用

生涯规划德育活动目标应在增强学习和终身成长动力的长期发展性目标统领下,分解为针对阶段性任务的中期调节性目标,直接作用于基于学生当前实际发展需求的短期指导性目标。

(3) 内容彰显时代性和发展性

活动内容准确回应学生生涯发展的诉求,围绕目标和要求选择,要能体现职业世界的时代元素和发展特征,以利于培育学生的改革创新和劳动精神。

(4) 教育方法应灵活多样

强调学生的亲身体验,通过职业现场体验、实习、社会职业人访问、服务活动、职业调查等促进学生连接学校学习和未来生活,把社会价值纳入个人的价值体系,并应用到自身的发展中。

(5) 注重与个别辅导的协同

应将集体性的"生涯规划"德育活动与个别辅导、成长"导师制"相结合,通过生涯测评、价值澄清、个体咨询等专业方法,以及生涯导师的针对性指导,充分了解学生的内在需求,确认学生的生涯发展优势和问题。

(6) 做好相关教师成长支持

"生涯规划"教育需要教师具备一定的专业素养,因此,应支持、引导相关教师积极学习生涯辅导相关专业的理论与实务,增强教师生涯教育和指导能力,以满足学生不断增长的生涯发展教育需求。

(二) 小初高衔接实践——以"利用成长仪式进行生涯教育"为例

本书作者所在区域已经逐步建立起了"启蒙·探索·选择"面向未来的小、初、高一体化生涯教育体系,各类生涯教育活动在各学校普遍开展,学生广泛参与。其中,利用成长仪式开展生涯教育是我们近年来探索和实践的新方向。成长仪式作为学校仪式的重要组成,蕴含着丰富的生涯教育价值,小学、初中、高中可结合不同仪式落实不同的生涯教育目标。下面,首先呈现的是案例导论,包括成长仪式的内涵,成长仪式中的生涯教育价值,以及生涯教育目标;紧接着是小学、初中、高中分别利用该学段典型的成长仪式进行生涯教育的实践案例,以期为学校和教师在中小学德育一体化视野下开展生涯教育提供新的视角,同时也丰富成长仪式的教育内涵。

· 案例导读

成长仪式中的生涯教育价值与目标[①]

一、成长仪式的内涵

当前,主题多样、形式新颖、内涵丰富的各类仪式活动成为中小学生校园生活的一抹亮丽色彩。《中小学德育工作指南》明确要求中小学开展仪式教育活动,每周一及重大节会活动要举行升旗仪式,入团、入队要举行仪式活动,要举办入学仪式、毕业仪式、成人仪式等有特殊意义的仪式活动。学校的仪式教育是体现一定的教育目的,通过精心设计一系列具有仪式感和象征性的程序或规范,有计划、有组织地对教育对象施加教育影响的活动。

学校仪式教育从内容维度可以分为政治性仪式、纪念性仪式、通过性仪式、竞赛性仪式、日常性仪式等。[②]而"成长仪式"即"通过性仪式",指标志身份角色发生变化的仪式活动,由"与前一阶段和身份的分离、向成长新阶段和新身份的过渡、明确新身份和新角色"三部分组成。如中小学定期普遍开展的入学典礼、入队仪式、十岁生日仪式、换巾仪式、十四岁生日礼、毕业典礼、十八岁成人礼等。

好的成长仪式通过精心设计的仪式活动,把学生在某个重要生命节点的内在情感通过外化形式表现出来,并与其他相关个体进行分享,不仅让学生感受仪式庄严神圣的氛围,更希望通过仪式程序和内容的洗礼,让学生体会和思考个人身份和角色的变化,体验成长过程中的光荣、自豪以及责任与使命,激活今后对自己的持续性完善行为,从而达到培养合格的社会主义接班人的教育目标。

二、成长仪式中的生涯教育价值

生涯教育强调从发展的角度看待学生生命,旨在指导学生在充分认识自我和社会的基础上,获得合理设计自己的学习、升学和未来职业的知识与能力,从

① 徐晶星.利用成长仪式进行生涯教育的价值与实践探索[J].现代教学·思想理论教育,2019(4B):65-67.
② 寇秋霞.仪式教育:一种传播正能量的教育形式[J].辽宁教育,2017(6):5-7.

而为他们获得幸福的人生与提升生命质量奠定基础。[①]成长仪式是学生生涯发展中的重要时刻,蕴含着丰富的生涯教育契机,具有重要的生涯教育价值。

1. 帮助学生自我确认,完成新身份新角色的自然过渡

在人的整个生涯中,有时需要面临不同身份、不同角色的转换,生涯教育的内容之一便是要让学生学会面对挑战并顺利地完成这些转换。举行成长仪式的节点往往是学生成长过程中的里程碑事件,是学生需要从一个旧身份、一种熟悉的状态中脱离出来,过渡到一种新生活和新阶段的时候。在此转换期间,有的学生已做好充分准备,有的学生内心会焦虑不安,甚至有的学生停滞不前。而成长仪式的举行,为学生提供了与面临相同情况的同伴共同参与、相互分享和彼此支持的机会,形成一种相互关注的情感和互动机制,潜移默化地起到情绪和心理上的调适作用,有助于学生客观认知自我、认知环境、自我确认,自然过渡到新身份、新角色。

2. 激发学生良好行为,促进归属感和行动力的获得

成长仪式所包含的情境、语言、行为和活动等要素与条件一般都是依照一定的秩序进行的,学生需要按照仪式活动的要求,依次做出相应的行为;同时由于群体中榜样的存在,还使得仪式中群体与个体间产生"双向互动",[②]集体教育个人,个人激发群体,即学生群体的行动在仪式中具有趋同性。仪式中的这种趋同行为一方面为学生带来身为集团一员的归属感,从而利于平日良好行为的养成;另一方面带来由内而外的秩序感,[③]这种秩序感有助于培养学生在各种情境中付诸适当行动的执行力。而归属感和行动力对学生生涯发展的重要性是不言而喻的。

3. 引导学生学会感恩,构建利于生涯可持续发展的社会支持系统

社会支持系统是个体在自己的社会关系网络中所能获得的、来自他人的物质和精神上的帮助和支援,对个体至关重要,是个体生涯可持续发展的坚实保障和重要动力支撑。成长仪式一般由学生、教师、父母(有时)共同参与和见证,

---

① 王晓梅.让教育关注学生的未来[J].现代教育科学·普教研究,2010(5):39-47.
② 史晓琼.互动仪式链理论视域下少先队员仪式认同感培育[J].青少年学刊,2017(5):51-55.
③ 张志坤.我们为什么需要仪式教育?[J].人民教育,2015(17):23-26.

亲历仪式的整个过程,学生会由衷地体验到自己从他人、集体那里所获得的物质和精神上的帮助和支持,从而学会感恩同伴、师长和家人,并真诚地回报和付出。仪式所营造的情感氛围有利于亲情、友情、师生情的联结和强化,进而有助于学生不断巩固和发展自己的社会支持系统,为生涯发展奠定基础。

4. 促进"知"与"情"的交融,推动理想信念的形成

理想信念是推动个体在生涯发展之路上不懈追求的最强动力。理想信念教育一贯是各项成长仪式的重要内容,若在平日,理想信念教育容易让学生产生"高""大""空"的感觉。但在成长仪式中,学生的情感借助于成长仪式中的画面、音乐、语言、展演行为等,通过视觉、听觉和触觉等多感官渠道被激荡起来,庄严、神圣、丰沛,其浓度和震撼度非其他场合或活动激发的情感所能比拟。朱小蔓在《情感德育论》一书中指出,"道德信念是个人道德动机的高级形式,是道德行为的稳定性与一贯性的有力支持者,情感体验使认识转换升华为信念"。[①] 因此,成长仪式在学生心灵里留下的愉快、兴奋、充沛的情感,与关于崇高理想的"知"交融在一起,这对于学生理想信念的形成和确立具有重要意义,可谓"瞬间感动引领毕生追求"。

三、成长仪式中的生涯教育目标

基于以上的价值认识,结合小学启蒙、初中探索、高中选择各学段的生涯教育的主要任务,我们尝试对小学、初中、高中成长仪式中的生涯教育目标进行明确,内容如下:

小学阶段:通过参加入学、入队、换巾、十岁生日仪式、毕业典礼等仪式活动,感受仪式庄严神圣的氛围,体会个人身份和角色的变化,体验小学生成长过程中的光荣和自豪,消除对新身份的陌生与恐慌心理,为成长过程中的新角色适应做好情感和信心准备。

初中阶段:通过参加入学、入团、换大号红领巾、十四岁生日礼、毕业典礼等仪式活动,感受仪式庄严神圣的氛围,思考个人身份和角色的变化,领会仪式对初中少年的巨大导向和激励作用,唤起内心的归属感和集体荣誉感,激发自身对新身份、新角色的主动适应,激活对个人理想的思考,更好地认识自我、提升自我。

---

① 朱小蔓.情感德育论[M].北京:人民教育出版社,2005:48.

高中阶段：通过参加入学、十八岁成人仪式、毕业典礼等仪式活动，深度感受仪式庄严神圣的氛围，唤起内心的庄严感、崇高感，主动积极适应个人身份和角色的变化，思考中国梦和个人梦的关系，认识新一代青年的责任和使命，确立个人的生涯发展目标，更好地认识自我、提升自我、实现自我。

对成长仪式内涵的分析、所蕴生涯教育价值的解析，以及各学段生涯教育目标的明确，为各学段在中小学德育一体化视域下利用成长仪式进生涯教育实践探索奠定了基础。同时，以下面三个学段实践案例为代表的学校实践探索，也促进着我们不断深化对寓生涯教育于成长仪式的认识和思考。

·小学案例

十岁生日　梦想引航

一、背景分析

在仪式教育中培育生涯意识是拓展生涯教育维度的新型视角。《中小学生涯教育理论与方法》一书中指出："学校要为学生的终身发展服务，就应该将生涯教育的理念、方法和策略融入所有的教育教学活动之中。"不可否认，作为学校教育活动的组成部分，成长仪式教育对小学生的生命成长与发展有着深刻的意义，而生涯认知作为学生生命成长中个体生涯发展的初始，两者之间存在不能分割的密切联系。

学校成长仪式大量而多样地存在于学生学校生活与学习的世界中，三年级十岁生日仪式便是儿童时代的重要成长节点，是价值观、职业观形成的重要启蒙事件。但由于小学生处于身心发展初步阶段，尚不能主动认识自我和挖掘潜能，亦不能自觉理解社会和规划未来。由此，我们看到了教育的责任：即通过成长仪式这一类"通过性仪式"开展生涯教育，帮助学生明确每次身份和角色转变，多途径地发展小学生生涯认知，为学生获得终身发展和有意义的幸福生活奠定基础。

高燕定所著《人生设计在童年》中说:"孩子最终要走向社会,他们对自我、对社会的认识,对知识和职业的关系的深刻理解和实践,他们的人生理想和有效、现实的职业规划以及付诸现实的能力,是他们在社会上生存和事业成功的最基本、最必要的素质。"从现实情况来看,小学生较多崇拜科学家、画家等,他们表面地认为只有带"家"字的职业才值得向往;他们认为一类职业只需要习得一项显性技能,片面地理解各类职业的知识和能力储备……这些认知的偏差对学生生涯意识的发展非常不利。

综上,从学校德育活动角度出发,基于区域所提出的"面向未来:启蒙→探索→选择"的"生涯意识"维度德育活动核心理念,为了更好地启蒙小学生的生涯意识,我校设计开展前沿后续的实践活动,拓展十岁生日仪式的时空,将其分为启动、仪式、延伸三个阶段,采用家校社协同教育,帮助学生适性发展、扬长发展,为成长过程中的新阶段做好情感和信心准备。

二、活动目标

(一)启动阶段

1. 通过参加"超人爸爸"职业课程,感受职业与自己的生活、学习与未来的关联。

2. 制作职业海报和开展巡讲,分享并内化自己对某一职业的深度认知。

(二)仪式阶段

1. 在回顾中感受自己的成长与收获,感谢父母师长恩情,展示自己的才能,增强成长的信心。

2. 感受由家庭、学校构成的期望和力量,明确自己成长中的责任,点燃激情,开启人生新阶段。

3. 在榜样人物的分享中学习,获得十岁成长目标,并积蓄为实现梦想不懈努力的力量。

(三)延伸阶段

1. 通过观察、采访等对更多的职业有具象的认知,在校外实践活动中拓宽眼界。

2. 树立成长新阶段中更适合自己的梦想,为实现目标做好思想与行动准备。

三、活动准备

1."超人爸爸"职业体验课程。

2.校级层面十岁集体生日仪式。

3.指导制作礼物、父母准备信件。

4.亲子朗诵、校长寄语、节目排练等。

5.探访活动安排、探访单设计等。

四、活动过程

（一）启动阶段

1.超人爸爸，微课启梦

设计意图："超人爸爸"职业课程体验活动不仅提高爸爸在学生成长过程中的参与度，更让学生初步了解不同职业所需的知识积累和能力储备，感受职业与自己的生活、学习、未来的关联。

在十岁生日仪式前，学校开展"RAINBOW"家长志愿团项目，三年级启动"超人爸爸"职业体验课程。由五位爸爸代表推出以职业体验为主题的家长微课程活动，学生根据自己的兴趣特长等，自主选择参加职业体验。

职业领域	体验项目	地点	体验内容	生涯教育点
信息技术	微课小能手	电脑房	利用幻灯片录制短视频微课	我的学习与职业：与三年级信息与技术学科结合，认识学科知识与生涯发展的紧密联系。
花艺师	插花小艺人	活动房	认识选择花材；色彩搭配方法；学习插花造型	我的生活与职业：善于观察生活，在生活中学习和积累经验。
牙医	妙手小牙医	教室	认识牙齿结构，介绍诊室机械等	我的未来与职业：需要细心、耐心、技术高超等品质和能力。
司仪	王牌小主持	教室	学习声情并茂地表达，考验记忆力和应变力小游戏	我的未来与职业：需要胆大心细、善沟通、会应变等品质。
点心师	美食小达人	多功能室	学习制作花样馒头	我的未来与职业：需要勇于创新等品质。

2.职业海报,巡讲分享

设计意图:学生自主参加"超人爸爸"职业课程体验活动后,必然对某一职业有了更深入的了解。通过这一活动引导学生能进一步梳理职业认知与感悟,并能用自己的方式向低年级学生做宣传,逐渐形成学生自我内化与跨年级输出的双向生涯实践模式。

(1)制作海报,梳理感悟

三年级学生根据自己参加的"超人爸爸"职业体验课程,以小队的形式将自己对这一职业的了解绘制成海报,海报中体现以下几个内容:职业名称、职业漫画、职业所需知识储备和能力品质等(可用图画、文字等各种形式来描绘)。

(2)牵手弟妹,分享收获

学校将这些职业海报进行校内展示,三年级"红领巾宣讲团"成员自己设计环节、撰写文稿、制作幻灯片等,分组到一、二年级各班级中开展职业故事巡讲,带领低年级弟妹对这些职业有初步认知的同时,也内化三年级学生自己对这一职业的理解。

(二)仪式阶段

设计意图:开展校级层面具有庄严仪式感的十岁集体生日活动,学生从父母的信中感受对自己成长的期盼,从榜样的力量中找到成长的动力,在自我展示中坚定自己成功的信心,在许下的梦想中明确自己发展的方向。

1.序幕

主持人宣布仪式开始:整队、出旗、唱队歌。

2.忆成长,话感恩

(1)"瞧,这三年"——视频回顾学生从一年级依依不舍离开家长走进校门,到如今成为课堂里的学习达人,操场上的运动达人,活动中的小歌唱家等,感受自己的变化和成长。

(2)"听,心深处"——学生阅读父母的信,从家庭角度感受家长对自己的成长期望,理解父母是自己成长过程中最大的支持。

(3)"诉,父母恩"——学生向父母赠送自制礼物,表达自己的感恩之情,明白成长的意义、责任和勇气。

3. 亮风采,树榜样

(1) 亲子朗诵,共抒深情

"今天我(你)十岁"——融合家长寄语和学生发言两大环节,以亲子朗诵的形式,学生表达对自己了解过的各种职业的敬佩之情,家长讲述自己十岁时的梦想以及为之做的努力等,让十岁生日这个重要的成长节点成为帮助学生形成责任感、发展生涯意识的重要时刻。

(2) 心有榜样,行有力量

"长大后我要成为'你'"——三年级"职业故事宣讲团"学生通过一个个故事,讲述祖国繁荣富强之路上,各行各业都有贡献。行行出状元,处处有榜样,学生不断感悟各类职业的内在品质,树立各种职业都光荣的观念。

"他也曾是'十岁少年'"——通过情景演绎的形式,以梦想、奋斗、团结等为关键词,以获得"全国道德模范"称号的技术工人王曙群"对接机构"16 年攻关路为故事模型,让学生感受成长路上要有对未来的期盼,更要有面对困难的勇气。

(3) 风采展示,亮出本领

在风采展示这一环节中,学生展示自己十岁的收获与成长,主题有活力四射的舞蹈表演、有表达自己成长的歌曲串烧、有与同伴合作完成的校园情景剧……学生在分享中展示收获的才艺,展现对未来的信心。

4. 树梦想,追未来

(1) 校长寄语,共祝成长

校长结合学生三年的成长收获,勉励学生不忘过去,珍惜现在,憧憬未来。寄语学生要认识自我,养成良好习惯;要发展自己,收获丰富知识;要着眼未来,培养充分的能力,为成为一名新时代优秀的建设者时刻做好准备。

(2) 十岁有梦,奔向未来

播放生日歌曲,点燃生日蜡烛,切分生日蛋糕,共许成长梦想。

5. 尾声

呼号、退旗。

（三）延伸阶段

设计意图：在延伸阶段，学生通过"走出去"的形式了解父母的职业，了解高温下的职业，学生通过观察、采访等对更多的职业有具象的认知，开启更为现实的成长梦想。通过绘画、文字等形式将自己的成长梦想表达出来，不断激发学生的成长激情。

1."访"特别的你（自主选择，附探访单）

（1）跟着爸妈去上班

走近父母的工作岗位，认识与众不同的父母，在实际的探访体验中，感恩父母的养育之恩，拓宽自己对职业的认知，感悟父母的职业素养。

跟着爸妈去上班

探访对象：＿＿＿＿＿＿＿＿＿＿＿

探访职业：＿＿＿＿＿＿＿＿＿＿＿

每天工作时长：＿＿＿＿＿＿＿＿＿＿＿

他们具体做的事情：＿＿＿＿＿＿＿＿＿＿＿

做这份工作需要的主要工具（画一画）

他们做这份职业所做的准备：＿＿＿＿＿＿＿＿

（画一画）

自我评价：今天我对（　　　）这个职业进行了解，

你对这个职业了解了吗？☆☆☆☆☆

你对这个职业感兴趣吗？☆☆☆☆☆

你觉得自己适合这个职业吗？☆☆☆☆☆

（2）高温下的探访

高温下大多数人都想躲在开空调的屋中，可是有那么一群人却义无反顾地在高温下奋斗。学生找到在室外高温下工作的人群，如：交警、环卫工人、园艺工人、建筑工人等；更找到了在另一种高温下工作的人群，如：炼钢工人、厨师等。通过职业探访，了解这一类职业的独特特征，也进一步打开职业启蒙的大门。

高温下的探访

探访职业：＿＿＿＿＿＿＿＿＿＿＿＿＿＿＿＿

探访地点：＿＿＿＿＿＿＿＿＿＿＿＿＿＿＿＿

高温下工作时长：＿＿＿＿＿＿＿＿＿＿＿＿

他们具体做的事情：＿＿＿＿＿＿＿＿＿＿＿

做这份工作需要的本领：＿＿＿＿＿＿＿＿＿

做这份职业所做的准备：＿＿＿＿＿＿＿＿＿

做这个职业会遇到什么困难：＿＿＿＿＿＿＿

自我评价：今天我对(　　　)这个职业进行了解，

你对这个职业了解了吗？ ☆☆☆☆☆

你对这个职业感兴趣吗？ ☆☆☆☆☆

你能克服这个职业带来的困难吗？ ☆☆☆☆☆

你觉得自己适合这个职业吗？ ☆☆☆☆☆

2."画"未来梦想

通过前期的职业课程和探访活动等，学生对自己感兴趣的职业有了一定的了解。在十岁生日这个重要的成长节点，学生在家长的陪伴下，绘制"小不点"梦想卡，树立自己的成长梦想，明确自己为此要做好的准备等。

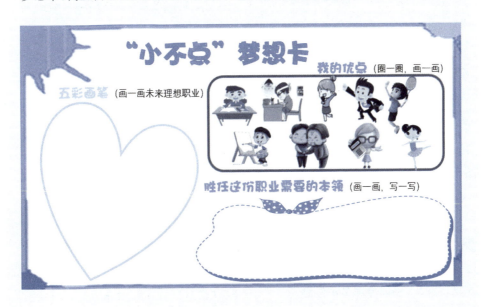

五、活动效果

小学生的生涯发展阶段处于启蒙期和认知期,在仪式教育活动中培育生涯意识是深化生涯教育的全新视角,我们通过探索三年级十岁生日仪式中生涯教育的契机,感受到其对学生健康成长和终身发展的重要意义。

1. 增强成长自豪感,培养感恩品质

在三年级十岁生日仪式中,学生通过超人爸爸职业体验课程、跟着爸妈去上班等实践活动,走进不同职业,感恩父母养育之恩,理解不同职业素养。在风采展示中不断增强自己对这个成长新阶段的自豪感和责任感。

2. 发展生涯认知,启发职业梦想

本次成长仪式中借助多种形式融合学生对成长的感性认知和理性思考,帮助学生树立起关于各种职业的价值观念、职业意识和自我认知。而在成长仪式中不断发展学生的生涯认知,对其增强学习兴趣、强化成就动机、启发职业梦想均有重要作用。

3. 融合家校社资源,开拓生涯教育时空

成长仪式一般由学生、教师、家长共同参与、见证,本次三年级十岁仪式不局限于仪式的时间,不局限于开展仪式的空间,通过家庭、学校、社会三方的共同努力,不断开拓与成长仪式关联的生涯教育的课外实践空间,在真实的体验中激发学生对不同工作角色的学习兴趣和实践欲望。

六、活动反思

每次生涯探索活动,都可以让学生积累效能感、归属感和乐观感等,增强对自己的肯定,对社会的理解,是学生成长极大的动力来源。"小不点"的生涯梦在一个个成长仪式中渐渐地勾勒出特别的模样。但,这似乎还是一个未完待续的梦还有一些问题值得探讨。

首先,如何更合理地设计前沿后续活动,帮助学生在成长仪式中完成新身份、新成长阶段的自然过渡。举行成长仪式往往是学生成长节点的标志,因此,探索如何以活动带动成长仪式的有意义开展,如何在学生转换新角色身份时抓住成长仪式中生涯教育的价值就尤为重要。

其次,如何设计各年段成长仪式中有层次性、序列性、综合性的生涯教育活

动,把纵向的低中高三个学段与横向的学校、家庭、社会三个系统有机整合,促进学生在各个成长仪式中认知与情感的交融,现实与理想的交融,从而实现生涯认知的逐步清晰,不断推动职业梦想的形成。

再次,如何设计小学阶段的成长仪式与生涯启蒙相关联的有效多元的评价模式,通过评价,引导学生将当下成长的自豪感和规划自身发展的意识无缝衔接,真正在成长仪式中促进小学生生涯认知,更在生涯启蒙中帮助学生获得健康成长和幸福生活的能力。

小学生涯教育是以小学生的终身发展为目标,让学生学会认识自己的个性特征、兴趣爱好,增强小学生对生命价值、生活意义的理解和对自身发展潜力与未来人生道路的关注。利用成长仪式开展生涯教育就是帮助学生在所学的知识与梦想追求之间建立密切联系,逐渐学会规划未来与人生发展的方向。

（案例作者：上海市闵行区鹤北小学　唐建华）

· 初中案例

毕业典礼　学涯蓄航

一、背景分析

1. 教育要求

《中小学德育工作指南》提出,中小学须开展仪式教育活动,其中初中段的"成长仪式"就包括换巾仪式、十四岁生日礼、毕业典礼等。每一次成长仪式都对学生的成长阶段、身份角色,以及自我认知、职责能力的发展起着承上启下、过渡明确的作用。

一到每年六月,毕业季则成为了校园中一道亮丽的风景线。毕业典礼为九年级学生提供了情感表达、个性展示、角色转折的平台,其中也渗透着深刻的生涯教育价值。仪式教育和生涯教育都属于德育中的重要内容,两者间有同有异。相似处在于两者都通过结构化或半结构化的设计,组织一系列教育程序,为学生提供一个身份过渡、转变和确立的契机。不同之处主要在于时间维度上,仪式教育更像是一个"点"的"狂欢",生涯教育则是一个个阶段的"润物细无声"。

因此在本次的九年级毕业典礼上,我校延展了时间维度,将仪式设置和生涯教育贯穿至整个"毕业季",旨在引导学生做好从初中到高中段身份和心理上的转变和衔接,以从容、充满希望的心态,步入人生新阶段。

2. 学生情况

根据《闵行区中小学生涯教育若干建议》,九年级的生涯教育目标主要在于:帮助学生了解自身长处和弱项,善用策略调节自我,挖掘自我潜能;引导学生收集升学信息,有针对性地了解与自己水平相匹配的高中或职高;引导学生分析升学信息,制订升学计划并加以实施,增强相关技能,为升学决策做准备。在现实操作层面,从以往的惯例来看,九年级的毕业季主要是指开始准备毕业手续、拍摄毕业照到中考结束后举行毕业典礼这个时段,这个阶段学生的主要需求为释放前期的备考压力、纾解离别的情绪、憧憬下一阶段的自己、树立更为高远的理想信念。

但从现实情况来看,中考成绩和录取院校公布往往在毕业典礼之后,得知结果时,学生与初中学校和班级处于"半脱离,半依赖"的状态,与高中学校班级又未建立联系,而此时学生往往伴有或满意惊喜、或认同欣慰、或失落懊悔、或伤心难过的情绪。从感性需求来看,这个阶段学生同样需要心理和情感的支持;从理性角度而言,这个阶段亦是一次让学生进行"复盘"分析、资源盘点、规划选择的学习和实践机会。因此,可将得知分数录取结果后的这一阶段,作为毕业季的"延伸段"。

再者,进入高中新班级,接受新生教育,再到开学进入正常学习生活这个时段,是"初转高"身份的最后过渡期和"高中生身份"的确立期。这个阶段,学生会带着对新学校新集体的好奇,也会和初中同学老师分享着新鲜事物和自己新角色的感悟。这个阶段,给予学生一次回母校向新一届初中生交流经验心得的机会,是对他们新角色的强化、对前段经历的认可、对"新引领新"的传承。对母校的眷恋和对老师的不舍之情会在紧随而来的教师节再一次达到高峰,学生会自发组织小团体回校探望老师。这个时段,师生们脱离了在校的师生关系,但又真正认可、巩固、延续了彼此的关系。因此从进入到新集体到返校进行经验分享或探望老师这一阶段,可视为与母校与学校联结的"升华段"(即从客观联结升华为心理联结)。

综上所述,从学校德育活动角度出发,结合区域所提出的"面向未来:启蒙→探索→选择"的"生涯意识"维度德育活动核心理念,为了更好地助力学生的学涯探索和过渡,我校拓展时空,从毕业段、延伸段、升华段三个阶段,陪伴学生度过一个长长的毕业季,帮助学生进行心理和身份上的衔接和转变。

二、活动目标

(一)毕业段:从毕业照拍摄到中考结束后举行毕业典礼

1. 释放前期的备考压力与分离的情绪,表达对老师、同学及父母的感谢之情。

2. 感受由班集体、学校、家庭构成的社会支持系统的力量,憧憬开启下一阶段。

3. 唤醒角色转变的意识,眼界从校园拓展至社会,树立更高远的理想信念。

(二)延伸段:从公布中考成绩到最终确定录取院校

1. 盘点资源,结合自身实际情况做好选择与升学决策。

2. 复盘过往经历,查缺补漏,思考下一阶段的角色定位与行动计划。

3. 主动获取情感支持,调节情绪接纳现状,为迎接下阶段学习和工作做好积极从容的心理准备。

(三)升华段:从进入新学校到返回母校

1. 总结过往经验提升效能感,适应新环境和新集体,完成新角色的探索、转变、确认。

2. 整合及延展自身的社会支持系统,可自主将师生关系从客观联结升华为情感联结。

3. 将新角色、新职能与下阶段更为高远的理想信念交融结合。

三、活动准备

1. 各班毕业照拍摄。

2. 校长、班主任、家长、毕业生代表发言。

3. 各班自主进行毕业小联欢。

4. 校级层面的毕业典礼。

5. 下一届新生的入学教育。

四、活动过程

（一）毕业段

1. 拍摄影像，感谢你我

在中考前，由学校组织各班拍摄毕业照。除了学生和现任教师外，各班由学生邀请过往教过本班的教师，定格每个班级时间和角色上的整体影像，让学生懂得"喝水不忘当下挖井人，亦不忘过往凿井人"的道理。

2. 班班聚会，追忆畅想

中考结束后，各班在班内举办毕业小联欢会。通过班级环境的装扮布置、言语的氛围营造，让学生在班集体这个熟悉、安全的环境中，回忆过去的点点滴滴，表达最真实的情感，畅聊对未来的期盼。

3. 家校共祝，汇聚支持

在校级层面，进行最具仪式感的毕业典礼。首先，校长结合中考作文命题，以"有一种甜叫毕业典礼"为主题为毕业生寄语。这些"甜"有奋斗过初三的甜，有遇到好老师的甜，亦有大家一起抗击疫情收获勇气、责任、智慧、利他的甜。"姜糖般醇厚的甜"让学生在迎接未来的欣喜之余，多了几分深刻的思考。而后，毕业生家长代表发言，从家庭角度提出了对孩子的支持和期望，"黑糖般温暖的甜"成为了孩子翱翔人生最坚实的后盾。接下去，毕业生代表结合学校和家长的祝福，讲述了自身的生涯发展规划与理想信念，但同时也呼吁同学们，厘清自己的优势去选择和行动，每个人都有"泡泡糖般无限大可能的甜"。最后，由班主任一一为学生们送祝福，学生代表发言感恩四年来这"糖水般润物细无声的甜"。在此环节，学生对自己的社会支持系统有了再一次的认识和确认，这些来自学校、老师、家庭的支持，都是他们敢于尝试、敢于面对困难的勇气和底气，也是他们志存高远的基石与引领。

4."青春我秀",表达自我

在后续的"青春我秀"环节中,学生展示了"水果糖五彩缤纷般的甜"。表演主题涉及展示青春活力个性的舞蹈、宽心面对别离但又别轻易忘掉情谊的歌曲、回顾以往上课时光和各位老师"招牌动作"的情景剧,还有与中考英语作文主题"Everyone Can Be Special"相呼应的舞蹈"Feel Special"。从"青春""回忆""情谊",到"天生我材必有用",学生的情绪也由不舍伤心转向充满希望憧憬。

(二) 延伸段

1. 提前预设,主动关心

考虑到学生在毕业典礼后就各自回家,面临长长的暑假。此时学生与初中学校和班级已经慢慢脱离,但学生在心理上还是较为依赖原先的人际联结和集体。另一方面,在等待成绩公布时和成绩公布后,学生有较多的思绪甚至激烈的情绪需要宣泄。而且,暑假时间较长,学生如何充实度过这个难得空闲的假期,都是以往较少关注但又实际存在的问题。因此,年级组及教师可提前进行预设,如列出阅读书籍、探访基地、社会活动建议单及相应学习单等供学生参考,让学生度过有意义的暑假;可以提供心理贴士、相关科普公众号等,让有需要的学生有"道"可寻;还可以分享相关资讯、学校官网"黄页",让学生提前了解自己报考的高中并做充分准备。最重要的,是向学生表达"即使暑假期间,有任何的问题,都可以找老师咨询或谈心"的支持。对一些需要关心的学生,则可主动出击,在微信、QQ或电话里问候、关心。

2. 调整预期,保护效能

在分数和录取院校公布的前后,学生的心情就像过山车,既想知道结果又害怕面对。得知结果后,决定学生心情的往往不是分数本身,而是现实和学生本身预期的差距。这个时段,除了向家长和班主任汇报结果外,学生还会和自己信任的老师、部分同学一起交流。对于结果超出预期和符合预期的学生,可视贺他们所取得的成绩,更要认可他们过往付出的努力。对于成绩低于预期的学生,允许他们表达悲伤、失落、愧疚等情绪,对学生给予情感支持,并指导学生从更为宏观的视角来看待生命中的"这一小段"。保护学生的自我效能感,不要因为这一个"点"的结果不理想而一蹶不振。

3. 复盘过往,再次启航

对结果超出预期和符合预期的学生,可在他们自我效能感最高的时候趁热打铁,引导学生提炼他们成功的要素,在下一阶段继续使用和坚持努力。

对结果低于预期的学生,则建议复盘以往的学习习惯、学习方法、学习认知等,通过生涯活动"生命线""自传自撰"等让学生理解人生的起起伏伏是常态,重要的不是停留在"低谷",而是在于每一段的"上坡"。通过老师的开解和指导、家长的理解和支持、同学的倾听和交流,让学生在情感、心态、效能、能力等方面,都做好再次启航的准备。

(三) 升华段

1. 返校授业,确认角色

毕业生在进入新学校后,完成环境适应、集体融入和角色探索。待到下一届新生来校后,请优秀毕业生代表回校进行经验分享,对学生自身而言,是对旧角色的认可,对新角色的确认,同时也构成了经验和自我认同上、时间上完整且连贯的"我"。

2. 升华联结,迈向未来

开学后紧跟着教师节,这是大部分同学第一次以"已经离开这个学校"的学生的身份返校。此时能够联结彼此的莫过于超越客观关系的"师生情"甚至是师生之间的友情。每一年,都会有大量校友返校探望师长,因此学校将教师节前后的一段时间定为"回校时段",设立专门的接待时间和接待室,在校园中营造温馨氛围,让毕业生"回家"变得更加畅通,也让教师深刻感受到"为人师"的幸福感。这种带有仪式感的看望,是学生真正发自内心的感恩,也构建了支撑生涯可持续发展的社会支持系统。

五、活动感悟

毕业典礼,让学生对母校、对老师的感谢之情得到了最诚挚的表达:"四年前,我们满怀着理想和希望迈入七宝二中这片深情的热土,开始了人生最美好、最难忘的一段旅程。四年的征途,是光荣的荆棘路,带着梦想与期待,我们一路走来。在这一千多个日夜里,我们经历过欢笑和泪水,我们面对过成功和失败。此时此刻,站在希望的门前回首,我们在这方土地里长大了!那是因为您,亲爱的母校,是您包容了我们的懵懂无知,是您孕育了我们的睿智果断,是您给了我们如此优越的学习环境和展示自我的舞台,我们沉浸在知识的海洋,徜徉在落英缤纷的林荫道,醉心于同学间的欢声笑语;那也是因为您,敬爱的老师,是您的辛劳付出,是您的无私奉献换来了我们的收获与成长。您的教育与指导,在我们成长的道路上留下深深的痕迹。如今,我们即将远行,请允许我们深情地道一声:老师,你们辛苦了!"

毕业典礼,也让学生认可了同学们的过往岁月和彼此情谊:"无论你在哪个集体,老同学总是在我们的记忆深处留下了抹不去的记忆,因为那是青春在成长的滩涂上留下的辙痕。记忆中,运动会上 4×100 激动的冲线瞬间,二中的跑道上永远留下了我们的汗水和足迹;上课时,和同学因为题目争得面红耳赤,二中的教室里永远留下了我们学习的气息;我们一起玩闹;一起分享零食;我们会记得一个同学的绰号,我们会因为一段经典的笑话而瞬间回到当初的情景;当然,还有最难忘的,我们经历的抗击疫情的特殊的初三第二学期;我们一起上网课,一起面对全新的教学方式,一起经历了复课就考试的史上最刺激的二模;不知道多久以后我们还能一起聊起昨天的我们,但是在二中留下的点点滴滴将会是我们人生道路上最珍贵的时光。"

毕业典礼,更将校训融入到了自身的理想信念中去——"离别如期而至,却如此匆匆。曾经的同学即将各奔东西,曾经的日子已留在身后,但在二中这片热土,我们收获了许多:知识、自信以及理想。'求实'的校训已铭刻进我们的心中,'快乐学习,自能发展'的办学理念无时不在影响着我们。四年的点滴汇聚成今日的成果,将为我们的初中生活画上一个圆满的句号,并伴随着我们踏上未来的征程。在未来的岁月里,我们一定会做拥有智慧并富有激情的人,做胸怀大志并脚踏实地的人,做富有责任并勇于担当的人,做德才兼备并敢于创新的人,不断奋斗,在今后的人生道路上书写更加华美的篇章。"

六、活动反思

1. 考虑学生需求,填续生涯"断点"

利用成长仪式活动渗透生涯教育,既要保留仪式活动的氛围、情感、程序,又要贯穿于学生整个的生涯发展过程。考虑到学生的实际经历,会发现小升初、初升高的暑假中会存在"断点",既比以往少了学习上的指导,也少了同伴交往,而毕业生正需要情感支持和方向引导。因此把一个"点"上的成长仪式在时空上进行拓展,对学生的生涯意识、能力技能、支持系统有着可持续的发展意义。

2. 抓住时机,拔高学生的理想信念

这个长长的、关注到毕业生各阶段需求的"毕业季",让学生在身份和心理上有了无缝对接。大部分学生都能够以积极的心态快速适应新集体。一部分学生去了职业学校,选择了与自己个性、兴趣相符的专业。从学生的主动分享和交流语气来看,学生对自己的选择是非常满意的。此时,老师可适当点出专业或未来工作的社会价值,让学生增强对自身专业和发展的认同和自信,让学生带着崇高的理想,拥有阳光心态,幸福从心起航。

(案例作者:上海市闵行区七宝第二中学　方圣杰)

·高中案例

成人仪式　生涯起航

一、背景分析

高三学生即将跨入成年人的行列,十八岁既是生理上和心理上日趋成熟的分水岭,又是世界观、人生观确立的关键期,但很多高三学生对于自己高考的目标学校和目标专业却仍旧是一知半解甚至茫然无绪。从学校德育活动角度出发,基于区域所提出的"面向未来:启蒙→探索→选择"的"生涯意识"维度德育活动核心理念,为了进一步发展高三学生生涯抉择能力,我们通过十八岁成人仪式的系列活动,帮助学生充分意识到跨入十八岁成人行列的意义,增强学生的社会责任感,理解老师、家长的关心、爱护、祝愿和期望,同时分析自己的实际情况,全面了解自己,懂得扬长避短找到适合自己的生涯目标(具体到大学专业甚至大学毕业后的就业意向),进而以生涯目标来激发高三学生的奋斗精神。

二、活动目标

1. 成人仪式序曲阶段，通过生涯研学，让学生在体验式学习中更了解社会，更了解相关职业、专业、产业等信息，减少认识上的盲区和误区；通过"两代人的对话"与父母书信沟通活动，进一步确认父母、家庭是自身生涯发展的坚实支撑，同时进一步明确所担负的对自己、对家庭的责任。

2. 成人仪式典礼阶段，通过校级成人仪式，帮助学生明确成人角色的定位和转换，更从容地面对成人角色的困惑，激发学生学习热情；班级层面"我们十八岁"主题班会进一步就如何作出最适合自己的生涯抉择提供帮助和指导。

3. 成人仪式后续阶段，通过毕业生（即大学生）的现身说法和模拟面试等活动，帮助高三学生更直观地了解真实的大学和专业学习，以及如何准备入学面试，从而明确自己需要提升之处，并付诸努力。

三、活动准备

1. 每名学生完成职业测试，学校选择一批社会资源作为研学基地。

2. 学生完成一份职业调查报告。

3. 完成与父母或长辈的书信沟通。

4. 学校领导、老师、家长、学生代表发言准备。

5. 校级层面的成人仪式筹备。

6. 班级"我们十八岁啦"主题班会筹备。

7. 制作"学长面对面"海报。

四、活动过程

（一）成人仪式序曲

1. 生涯研学

（1）研学准备——生涯测试

通过专业的生涯测试，学生能更全面了解自己的性格特点，并获得生涯数据库提供的职业方向推荐信息。同时，学校生涯导师汇总学生的测试信息，根据结果，与学生协商暑期生涯研学的方向，从而为生涯研学做好铺垫和准备。

（2）选择研学基地并前往研学

研学基地的选择有两种方式：一是从学校提供的闵行区暑期研学基地中选择一处，提前联系后前往参观考察；二是由导师或学生自行联系高校或各类文创园区，进行自主参观和活动。确定研学基地后，学生便前往开展研学，在研学中不仅了解国家和城市的发展脉络，更了解研学基地相关的职业信息和产业发展趋势。

闵行区暑期活动基地（部分）

序号	基 地 名 称	序号	基 地 名 称
1	浦江郊野公园	10	奥妙的眼睛科普馆（美视美景眼科中心）
2	上海宝龙美术馆	11	上海地铁博物馆
3	上海翰林匾额博物馆	12	闵行区档案馆
4	上海徽府（徽文化收藏馆）	13	闵行区华漕消防科普馆
5	闵行区体育馆	14	闵行区防震地震科普馆
6	马桥文化展示馆	15	闵行区青少年毒品预防教育馆
7	韩湘水博园	16	上海上房植物造景科普基地
8	召稼楼古镇	17	革新村
9	交大生物转基因科普教育基地	18	"光华苑"颛桥镇社区党群服务中心

（3）撰写生涯研学感悟

研学后撰写生涯研学感悟，让学生对生活、对未来都有了更多的认识和思考。以前往历史文化类基地为例，学生们认识到了历史发展进程中历史人物拼搏与向上的价值和精神，更为重要的是进一步明确了要以史鉴今，树立远大理想与目标，合理规划自己的人生，不忘初心，锐意进取，努力奋斗，成为实现自己人生理想、为社会发展进步贡献力量的有为青年。

2. 两代人的对话——与父母（长辈）书信交流

开展学生与父母做一次书信交流的活动，增进彼此的理解，让学生理解为人父为人母的不易，并学会感恩、学会尊重、学会爱，意识到在未来的职业生涯选择中，也要明白成人不仅意味着为自己的未来负责，也是担负起家庭责任的开始，懂得要立足社会就需要更多的责任担当。

(二) 成人仪式典礼

1. 校级成人仪式

仪式一般安排在"国家宪法日"(12 月 4 日),在嘉兴南湖党的一大纪念馆举行。仪式程序包括:① 学习习近平总书记对青年的寄语;② 师长代表致辞,阐明"长大成人"的意义,提出对学生的生涯发展希望和要求;③ 家长代表致辞,结合"两代人的对话"书信交流活动,回顾孩子成长经历,表达美好祝愿和期望;④ 班主任老师赠送学生《中华人民共和国宪法》单行本,寓意学生成为能履行选举权和被选举权的公民;⑤ 学生向师长、家长鞠躬感恩;学生代表发言表达感恩之情,承诺成人责任,并展望未来青春梦想;⑥ 全体学生手持《宪法》面向国旗庄严宣誓;最后学生迈过"成人门"意为礼成。整个仪式过程庄严、感动,成为学生记忆中的重要瞬间,并成为激励自己为青春梦想努力奋斗的重要力量。

2. 班级层面"我们十八岁"主题班会

经过校级成人仪式后,各班分别召开主题班会,结合班级学生实际情况,进一步让学生明确在十八岁的当下,怎样走出迷茫,明确奋斗方向,以及怎样去实现自己的目标。帮助学生在选科、选择大学、选择专业的十字路口上作出自己最恰当的抉择,走适合自己的道路。

(三) 成人仪式后续

在成人仪式典礼之后,学生对自己未来主动探索的意愿会比以往强烈,这时抓住契机开展"学姐学长对你讲大学与专业"和"一起来面试"模拟面试活动,可以取得事半功倍的效果。

1. "学姐学长对你讲大学与专业"活动

面对全国两千余所普通高校和 506 个本科专业,如何从纷繁复杂的大学和专业中,找到自己的理想的定位,很多同学感到束手无策,不知如何选择。学校组织"学姐学长对你讲大学与专业"活动,让学生先对自己的未来发展方向初步分类,并参加相应类别的活动,听取优秀毕业生以"过来人"的视角所进行的详细介绍,以帮助自己更直观地了解真实的大学,揭开高中生眼中大学的神秘面纱。

"学长学姐对你讲大学与专业"活动意向调查表

1. 你的姓名：

2. 你的年级班级：

3. 对于学校即将举办的"学长学姐对你讲大学和专业"活动,你感兴趣吗?

    A. 非常有兴趣　　　　　　B. 无所谓　　　　　　C. 无兴趣(结束)

4. 我们即将举办以下 7 个场次的活动,哪个场次的活动你最感兴趣(　　)。

    (备注：单选,每人限参加 1 场)

    A. 教育类专业和大学(4 位学长学姐)

    B. 艺术类专业和大学(2 位学长学姐)

    C. 体育类专业和大学(3 位学长学姐)

    D. 公安航空类(3 位学长学姐)

    E. 医学类(2 位学长学姐)

    F. 政法类(2 位学长学姐)

    G. 财经类(2 位学长学姐)

5. 你还希望我们举办_____类型的专业或大学介绍活动。

2. "一起来面试"活动

此外,学校还进一步借助学长学姐的力量,开展"一起来面试"的模拟面试活动,复盘大学生的入学面试情景,让高中生体验各种类型大学的不同之处,激发他们对高等学府的兴趣和向往。活动过程中,毕业生们往往会结合自己当时面试时的经验、得失,给学弟学妹们提出建议和意见,这对于高中生来说是非常宝贵的"过来人"经验。且由于即将拥有共同的升学经历,比起师长,他们更愿意听从这些学长学姐的建议,并根据这些建议来不断努力提升自己,做更充分的升学、生涯准备。

五、活动反思

成人仪式要提升学生对生涯认知的现实感。高三年级的成人仪式,不同于中小学阶段的其他仪式,是学生身份角色转换的特殊仪式。以十八岁成人仪式为契机,在加强对学生的成人教育、激发学生成人的神圣感、增强他们对十八岁成人的理解的同时,对准确的生涯规划进行引导和指导,是更能体现"成人"的现实意义的一种仪式。成人仪式要让学生对未来人生的"广度""深度"和"长度"予以深入思考,帮助学生在懂得为自己负责、为家庭负责、为社会负责的基础上,谨慎思考自己的职业选择和人生走向。那么系列活动中很重要的一点,就是要提升学生对职业、行业、专业等生涯信息的认知准确性和现实感,减少认知上的误差和对职场世界不切实际的幻想。在这点上,学校对于目前大学的众多专业和就业形势的信息收集还不够及时和全面准确,可以适当开发或者引入相应的信息咨询软件来补充。

(案例作者:北京外国语大学附属上海闵行田园高级中学 朱虹)

后 记

　　构建大中小幼一体化德育体系,是国家为提升学校德育工作实效,促进学生健康成长提出的路径要求。目前,对于德育学科课程(即思政课程)一体化的研究和探讨相对较多也较为成熟,但对于作为学校德育重要组成部分的德育活动,从一体化的角度进行系统研究的较为少见。此外,从德育一体化推进的责任主体而言,也需要基于"区域"中观视角和枢纽作用的德育一体化研究和实践,发挥区域在中小学德育一体化中的规划、指导、调节等作用,以利于区域整体性地朝一体化方向进行德育变革研究。在此背景下,上海市闵行区以建设"五维度、两主体"区域学生成长指导课程为抓手,聚焦中小学德育活动,区校联动进行中小学德育一体化视域下学校德育活动设计与实践的改进研究,并立项了 2019 年度上海市教育科学研究项目"'五维度、两主体'区域中小学一体化德育课程构建的实践研究"(项目编号:C19008)。

　　德育的最终研究目标是促进学生的德性发展。作为区域近几年德育工作推动的一个重要抓手,本项目充分整合了区域德育实践和研究力量,统整了各项工作,使区域的德育工作更具有方向性、目标性、内在逻辑和联系性。我们致力于在德育一体化的视野下提升学校德育活动的科学性,从而让学生更主动、更自觉、更愉悦地去发展自己的道德品质,同时也希望能带给学生更好的道德成长助力和成长体验。我们看到,在本项目实施过程中,通过学生们的反馈和老师们的观察,学生们感知到了学校、老师们的教育用心和努力,对学校德育活动的内容设计、方式选取等更为认可,也从中获得了深刻的道德成长体验和更多的德性发展助力。

作为项目成果,本书凝结了项目主持人贾永春及其所领衔团队的智慧和汗水。感谢上海市闵行区 34 所项目实验校和闵行区学校德育研究中心组全体成员的实践支持,同时,也感谢华东师范大学出版社编辑老师的倾力帮助。由于时间和能力所限,本书不足之处,恳请读者不吝指教。期待在与读者、同行的对话中,不断增进我们对这一领域的认识、理解和思考,优化我们的研究和实践。